100 DÍAS DE

Gozo

PARA LLEVAR UNA SONRISA A TU CARA

BHESPAÑOL.COM

Contenido

Introducción

La palabra *gozo* es bastante divertida. No me refiero a que sea graciosa, sino más bien a que tiene una definición interesante, la cual puede variar ligeramente de una mente a otra dependiendo de la perspectiva de cada quien. Para algunos, la palabra *gozo* es una palabra usada para aquellas ocasiones especiales que capturan el punto máximo de su felicidad. Para otros, pudieran ser esas cantidades de positividad que se acumulan en los momentos de euforia o emoción. De cualquier forma, el gozo no es necesariamente algo que sentimos de manera impulsiva. Es reconocimiento. Es el movimiento intencional del corazón de una persona para reconocer lo bueno dentro de lo malo, la luz en las tinieblas, el gozo en la desesperación.

Es la celebración de la salud. Es reconocer el gozo en el trabajo. Es escoger vivir en el lado positivo de una situación difícil. Ya sea que lo admitamos o no, el gozo es el resultado de la fuerza en la adversidad, de la paz en tiempos inciertos, del valor en situaciones temibles y del amor a pesar del odio. Eso, en muchas maneras, es de lo que trata este libro.

Permite que este devocional sea un recordatorio del gozo que viene de vivir una vida que activamente escoge el gozo. Cuando vengan aflicciones a tu vida, toma el tiempo de observar la situación, reconocer la frustración y en lugar de quedarte en ese momento frustrante, ¡levántate, mira a Dios y escoge el gozo!

Cada devocional contiene un mensaje sobre reflexionar en nuestras vidas ocupadas y considerar algunos de los obstáculos que vienen con esas vidas atareadas. No permitas que la negatividad de esas situaciones se arraigue, sino, más bien, sigue adelante. Nos enfocaremos en la positividad de entregar nuestras frustraciones a Dios. Dicho de una manera sencilla, soltamos nuestro propio entendimiento de una situación y ponemos nuestra fe en Dios. Al hacer esto, encontramos gozo. El gozo es el producto de tu fe. Es el resultado de poner tu confianza en el Creador del universo. Es reconocer el amor que Dios nos muestra a cada uno de nosotros todos los días.

Muchas veces no podemos ver el gozo a simple vista. La ansiedad y el enojo que llenan nuestras vidas diarias hacen lo mejor que pueden para nublar nuestra vista e impedirnos ver el gozo de confiar en Dios. Esperamos que este devocional ayude a cambiar eso. No es nuestra intención decirte que todo va a estar bien en el mundo. Este devocional fue escrito con la esperanza y la oración de que simplemente recordemos al lector que el mundo puede parecer un competidor fuerte, pero esta batalla ya se ha terminado. No permitas que los obstáculos del mundo te venzan. No permitas que las frustraciones de este tiempo se arraiguen a tu corazón. En lugar de eso, confía en Dios y sabe que en Él encontrarás gozo.

¡Hace mucho calor para agregarle crema al café!

Cercano está Jehová a los quebrantados de corazón;

y salva a los contritos de espíritu.

SALMOS 34:18

El padre de Mary tiene alrededor de 85 años. Él es un hombre de la marina estadounidense que sirvió en el ejército durante algunos de los tiempos más oscuros de la historia moderna. A pesar de todo, él es un hombre de la marina y siempre está entusiasmado por contarte sobre sus experiencias sirviendo a su país. Su forma de hacer esto es a través de la narrativa. Él no es un hombre de muchas historias, pero cuenta sus historias personales con tanto vigor que uno pensaría que es la primera vez que la cuenta.

Para él, siempre se ha tratado de tomar café. Él no dudará en decirte que no quiere crema en su café. Como dice usualmente: «Yo trabajé en el cuarto de máquinas... demasiado caliente para agregar crema», y con un guiño añade: «Pero nunca está demasiado caliente para tomar café». Para ser honesta, probablemente dice esa oración cada dos días y, sin embargo, las personas lo escuchan con respeto, mientras él habla sobre su vida. Verás, ese fue el año en el que el papá de Mary enviudó. Su esposa de casi 60 años partió con el Señor, y el padre de Mary comenzó a declinar mentalmente. Mary se preocupaba a diario por esto. Ella se preguntaba si él había tomado su medicina e incluso se preocupaba porque no sabía si su padre había recordado ir a la cafetería a comer. Evidentemente, cuando se trataba de su padre, ella rara vez hablaba con un semblante de paz. Su voz siempre parecía temblar cuando comenzaba a hablar sobre él.

Unos años después su padre partió con el Señor. Eso fue algo que la destrozó. Se sentía sola y tentada a convertir ese lamento en enojo. Sin embargo, algo que siempre recordaba era el tiempo de la cena. Después de que su madre compartía una comida con su esposo, usualmente disfrutaban de un pequeño postre y él siempre pedía café. Cuando ella preguntaba si quería café, él respondía: «Hace mucho calor para agregar crema, ¡pero nunca hace demasiado calor para tomar café!». Al recordar esto, Mary sonrió y por primera vez se dio cuenta de la paz que traía el saber que su padre estaba en la presencia del Dios Todopoderoso que conoce perfectamente bien la historia del café de su papá, pero está atento a escucharla de una sierva que ha sido buena y fiel.

Muchos de nosotros permitimos que el dolor atraviese el velo de la preocupación. Hacemos esto para que cuando tengamos dolor, sintamos que de alguna manera nos hemos preparado para él. En lugar de permitir que el dolor viva en nuestros corazones, debemos reemplazarlo con el gozo de saber que todo lo que sucede es para la gloria de Dios.

AYÚDAME A ABRAZAR LOS MOMENTOS DE GOZO EN LA VIDA. AYÚDAME A PODER VER LAS ETAPAS QUE ME HAS DADO, RECORDAR EL GOZO DE ESAS ETAPAS Y RESPONDER EN GRATITUD.

2

Calificaciones

**No hay cosa mejor para el hombre sino que coma
y beba, y que su alma se alegre en su trabajo.
También he visto que esto es de la mano de Dios.**

Eclesiastés 2:24

Para Carlos, el tiempo de entrega de los boletines de calificaciones era un tiempo turbulento. Él era un joven inteligente, pero le resultaba difícil concentrarse en ciertas clases, especialmente en ciencias. Cada nueve semanas, recibía el final del trimestre con frustración y temor. Él se enfocaba en lo bueno de sus calificaciones, pero temía que su madre viera solo lo malo. No era necesariamente un joven que causara muchos problemas o un mal estudiante. Siempre terminaba aprobando algunas materias con 100, un par con 80, pero en ciencias siempre sacaba 70 o incluso 60. En su último trimestre, sin embargo, él tomó una decisión. Iba a concentrarse. Decidió estudiar y trabajar para asegurarse de obtener el tipo de calificaciones que lo separaría del resto de su clase.

Por las siguientes nueve semanas, él se sentaba en la mesa de la cocina tan pronto como llegaba de la escuela y estudiaba todos los días hasta que se servía la cena. Abría su libro, tomaba notas y se adelantaba en clases que usualmente no disfrutaba. Los sábados se levantaba una hora más temprano e invertía tres horas extra volviendo a leer capítulos que todavía no entendía bien. Visto desde afuera, él era un estudiante estrella.

Al terminar las nueve semanas, Carlos recibió su boleta de calificaciones. En todas las clases que anteriormente había sacado 100, pudo mantener su calificación. En las clases que había sacado 80, ahora sacó 100. Él se emocionó al ir leyendo el boletín de calificaciones. Incluso había algunos comentarios que felicitaban su cambio de ética en su trabajo. Su triunfo, sin embargo, se desvaneció. Sus ojos se deslizaron a la parte inferior del boletín y encontró su calificación de ciencias. Obtuvo 89. Se quedó a prácticamente nada de obtener una A.

Carlos se fue a casa con su madre, con su vista cabizbaja, le entregó su boletín y siguió su camino, arrastrando los pies hasta llegar a su cuarto. Después de unos momentos, escucho desde la cocina: «¡Carlos!». Él esperaba la respuesta enfurecida que en general recibía, pero en lugar de eso encontró una mesa llena de postres, lo cual normalmente indicaba una celebración.

Levantó su cabeza y observó a su madre con confusión, pero ella simplemente sonrió y dijo: «¡Estoy tan orgullosa del trabajo que has hecho!». Cuando le explicó que no había obtenido calificaciones perfectas, ella respondió: «Yo nunca esperé perfección. Solo quería tu mejor esfuerzo». Carlos sonrío, se sentó a la mesa y disfrutó la celebración.

Muchas veces, sentimos que Dios quiere que seamos perfectos. Sentimos que tenemos que ser los mejores constantemente para que Él nos quiera. Esto no es verdad. Dios solo nos ha llamado a tomar nuestra cruz día a día. Claro, probablemente tropezaremos y algunas veces nos desviaremos del camino, pero si estamos dispuestos a levantarnos cada día y tomar Su cruz, Él se complace en que somos Sus hijos.

AYÚDAME A ACEPTAR QUE NO SOY PERFECTO.
RECUÉRDAME CADA DÍA QUE ME AMAS NO
POR MI PERFECTA DEVOCIÓN A TI, SINO EN
MI ESFUERZO DE SEGUIRTE CADA DÍA.

3

Citas con la crema de cacahuate

**En verdad que me he comportado y he acallado mi alma
como un niño destetado de su madre;
como un niño destetado está mi alma.**

Salmos 131:2

Karla tiene una tradición por las noches después de un largo día en el trabajo. Después de haber llegado a su casa, cocinado la cena y pasado tiempo con su esposo, ella tiene lo que le gusta llamar una «cita con la crema de cacahuate». Alguna vez fue un tiempo de «meditación con la crema de cacahuate», pero eso implicaría que puede pasar ese tiempo sola. Su esposo le da el tiempo a solas que ella necesita, pero pareciera que siempre hay algo que entra a su espacio personal.

Cada noche sin falta, ella abre la alacena, saca un bote de crema de cacahuate, toma una cuchara del cajón y, justo en el momento en que gira la tapa del bote, se da cuenta de que hay un par de ojos café mirándola. Este pequeño perrito mueve su cola y se sienta pacientemente esperando a que su «mamá» se voltee a verlo pretendiendo estar molesta. Sin falta, sin embargo, después de comer su cucharada de crema de cacahuate, ella siempre se sienta en el piso de la cocina a un lado de su fiel compañero y lo deja lamer la cuchara.

Muchos pensarían que esto es fastidioso, pero Karla diría lo contrario. Para ella, es una de las pocas cosas que le traen paz. Para ella, este perrito es un recordatorio de los momentos para estar tranquila y encontrar gratitud por las bendiciones en su vida. Claro, puede haber tenido largas horas de trabajo. Cuidar de cada detalle puede ser tedioso, pero ella ha logrado gozar de la quietud de sencillamente sentarse y permitir que su perrito coma de su cuchara.

Muchas veces perdemos de vista nuestra capacidad de estar quietos. Vivimos en un mundo en donde cada detalle pareciera perseguirnos a todas horas. Francamente, puede ser enloquecedor. Algo que debemos recordar es que tenemos un Dios que es tan constante como una montaña. Su amor es inamovible. Honestamente, me pregunto cómo nos percibe. ¿Pasamos de largo mientras Él espera con paciencia nuestro amor y tiempo? En lugar de tratar de meter forzosamente un tiempo para Dios en tu vida, piensa en seguir el ejemplo de Karla. Toma asiento, quédate quieta y escucha lo que Él tiene para ti.

SEÑOR, DIOS, AYÚDAME A ESTAR QUIETA. SÉ QUE HAY MUCHAS COSAS EN MI VIDA QUE HE PERMITIDO QUE ME DISTRAIGAN DEL AMOR Y LAS BENDICIONES QUE TÚ ME DEMUESTRAS DIARIAMENTE. PERMÍTEME ESTAR QUIETA Y ESCUCHAR LO QUE TÚ TIENES PARA MÍ. AMÉN.

4

En búsqueda de quietud

Mas tú, cuando ores, entra en tu aposento, y cerrada la puerta, ora a tu Padre que está en secreto; y tu Padre que ve en lo secreto te recompensará en público.

MATEO 6:6

Vivimos en un mundo ruidoso. Entre trabajar, lidiar con todas las situaciones familiares e intentar cuidarnos a nosotros mismos, pareciera que encontrar un tiempo de quietud es imposible. Para algunos de nosotros, un escape es todo lo que podemos pedir. Algunos tomamos vacaciones o nos distraemos con otras personas. El problema es, sin embargo, que las vacaciones son temporales y las distracciones no nos permiten lidiar con lo que debe ser atendido. Lo que en realidad queremos es tiempo.

Queremos tiempo para estar quietos. Buscamos un minuto extra aquí y allá solo para estar quietos. No importa lo que hagamos; pareciera que ese minuto extra es lo que siempre se nos escapa. Una madre, sin embargo, pareciera haber encontrado el secreto. Ella ha nombrado cariñosamente a este tiempo «el tiempo familiar de quietud». Solo dura media hora, pero puede ser es más que eso cuando el tiempo de quietud se convierte en una siesta. Realmente es un proceso sencillo. En su casa, a las cuatro de la tarde, ella establece un temporizador en su teléfono. La regla es sencilla: tú puedes hacer lo que quieras mientras sea en silencio y no involucre videojuegos, teléfonos o televisión. Sus hijos usualmente usan ese tiempo para leer o hacer tarea. Su esposo pasa su tiempo en el garaje. Ella, sin embargo, se sienta en una silla cómoda dentro del cuarto de invitados y ora.

Durante los primeros momentos, ella simplemente se enfoca en estar quieta. La mayor parte del tiempo, esto le toma solo unos momentos, pero a veces ella invierte la mitad del tiempo en estar quieta y dejar de lado todas las distracciones que están flotando en su mente. Cuando logra llegar a ese punto, dedica tiempo a agradecer a Dios por todas las bendiciones de ese día. Entonces, hacia el final de su tiempo, lee su Biblia. Invierte el tiempo que tiene en su relación con Dios. Ella comenzó esta pequeña tradición hace algunos años. Claro que hay algunos días en los que no tiene ese tiempo designado y debe encontrar otra manera de lograrlo, pero es interesante lo que ese tiempo ha hecho. Al principio era muy estricto. Tenían que ser 30 minutos, ni más ni menos. Luego, con los meses, el tiempo rígido comenzó a tornarse más flexible. Algunos días, la familia disfruta más el tiempo de quietud que otros días. Los 30 minutos pudieran parecer más como una hora y media. No importa lo que haya pasado; la madre nunca cambió el propósito de ese tiempo. Ella siempre lo ha invertido con Dios, dándole una paz que sobrepasa todo entendimiento.

PADRE, GRACIAS POR LOS TIEMPOS DE
QUIETUD. RECUÉRDAME USAR ESOS
MOMENTOS PARA AGRADECERTE POR TODO
LO QUE HACES EN MI VIDA. AMÉN.

5

Recorridos de verano

**No os conforméis a este siglo, sino transformaos
por medio de la renovación de vuestro
entendimiento, para que comprobéis cuál sea la
buena voluntad de Dios, agradable y perfecta.**

ROMANOS 12:2

Al manejar hacia su pueblo natal, Gaby admitió que definitivamente estaba lidiando con emociones encontradas. Por una parte, era su casa, y no había ningún lugar como ese. Pero, por otro lado, ella se había ido por una razón. Los campos de algodón que parecerían hermosos para cualquier persona pasando por ese camino, simplemente parecían recuerdos de la vida ordinaria que había dejado atrás. Ella ahora vivía en la ciudad. Y en realidad no había razón alguna para estar en ese pueblo, a excepción de su familia.

Esta semana, sin embargo, era una de esas razones. Su abuela cumpliría 90 años, y la familia se reuniría a celebrar y pasar tiempo con los que se habían mudado a otros lugares.

Ahora, este pueblo era el tipo del lugar donde los supermercados se convertían en reuniones sociales; el pueblo organizaba festivales para cada estación y asistir a la iglesia no era negociable. Era un pueblo con tres semáforos, un cine que solamente tenía lugar para 100 personas y un pequeño restaurante con cinco elecciones en el menú. Para muchos visitantes, este pueblo podía parecer acogedor, agradable y pintoresco. Para Gaby, era terrible.

Ella se aferró a esta actitud incluso al estacionar en casa de su abuela. No pasó mucho tiempo antes de que los miembros de la familia salieran por la puerta principal y corrieran hasta su auto a saludarla. Al ser inundada de abrazos y besos, elevó su mirada para ver a su padre sentado con su abuela con una sonrisa cálida.

Solo fue cuestión de que su padre dijera: «¿Quieren ir al campo?» para ver sonrisas en sus rostros. Todos conocían «el campo». Era un campo de cultivo sin usar a unos ocho kilómetros de distancia. No se hacía mucho ahí, más que disfrutar de la vista. Verás, en este campo había una planicie que permitía a los espectadores disfrutar de la puesta del sol. Se había convertido en una tradición familiar de verano subirse en las camionetas y manejar unos pocos kilómetros hacia el campo para observar esos atardeceres majestuosos.

Para Gaby, sin embargo, no se trataba tanto del campo, sino más bien del recorrido. Aunque parecía un poco desanimada por la idea, ella se subió en la parte trasera de la camioneta de su padre, dejando al viento llevar su cabello hacia arriba y hacia abajo. Después de unos minutos en la carretera, su familia suspiró aliviada al escuchar esa risa tan característica que parecía haber desaparecido.

Al igual que Gaby, mientras más tiempo estemos lejos de nuestro Padre celestial, más fácil será olvidar el gozo que viene de nuestro tiempo con Él. Invierte tiempo con Él. Recuerda los momentos que trajeron gozo. Podrías sorprenderte de los resultados.

SEÑOR, RECUÉRDAME LA FALTA DE GOZO QUE EXPERIMENTO POR MI NEGLIGENCIA E INCLUSO MI EGOÍSMO. RECUÉRDAME QUIÉN ERES TÚ Y RECUÉRDAME EL GOZO QUE TENGO EN MI IDENTIDAD CONTIGO. AMÉN.

6

Cuesta abajo

**Me mostrarás la senda de la vida;
en tu presencia hay plenitud de gozo;
delicias a tu diestra para siempre.**

SALMOS 16:11

La mayoría de las familias tienen una tradición alrededor de la época de Acción de Gracias. La familia de Luis tenía la tradición de rentar una cabaña grande en el bosque por algunos días y disfrutar de la época de Acción de Gracias ahí. Jugaban, hacían caminatas y disfrutaban de fogatas. Luis amaba el Día de Acción de Gracias. Él disfrutaba reunirse con la familia. Le encantaba la comida deliciosa, los juegos y las conversaciones, pero sin falta alguien hacía que el tiempo de la familia fuera «cuesta abajo». Era una tradición aceptada en la familia de Luis.

Esto podría sonar desagradable para la mayoría de nosotros, pero para Luis era la parte favorita del viaje. Ir «cuesta abajo» es la actividad de comprar una canasta de lavandería fuerte y deslizarse cuesta abajo por las montañas cubiertas de hojas naranjas y rojas. Los más pequeños se subían en grupos a la canasta hasta romperla después de chocar con los montones de hojas. La familia usualmente disfruta de 10 o 15 viajes cuesta abajo antes de que la canasta quede completamente inservible.

La tradición comenzó cuando una carreta perdió su rueda y toda idea de entretenimiento parecía haberse esfumado. El tío de Luis, sin embargo, tuvo una solución. Sacó una canasta de la cajuela de su carro que usaba para transportar juegos y comida, puso al joven Luis en la canasta y lo empujó cuesta abajo. Los padres de Luis estaban furiosos hasta que escucharon la risa proveniente de la canasta que ahora estaba inundada de hojas. De ahí en adelante, nació una tradición.

Hay algo especial en el tipo de gozo que proviene de la nada. Requiere una actitud que no está dispuesta a permitir que las circunstancias vayan contra el sentido de celebración. Muchos de nosotros permitimos que el mundo entre sigilosamente y robe nuestro gozo. Esta no es la forma en la que somos llamados a vivir. Como en la experiencia de Luis, habrá momentos en los que «perdamos la rueda». Cómo respondamos a esos momentos determina si permaneceremos enfocados en la rueda perdida o encontraremos gozo en una nueva oportunidad.

Cuando parezca que la vida te está llevando «cuesta abajo», ¿de qué maneras puedes responder para encontrar gozo? ¿Te enfocarás en las frustraciones de una situación mala o buscarás a tu alrededor para encontrar el gozo que puede provenir de una nueva oportunidad?

SEÑOR, PERMÍTEME VER LO BUENO DENTRO DE
LO MALO. AYÚDAME A ENCONTRAR EL GOZO
EN NUEVAS OPORTUNIDADES Y RECUÉRDAME
QUE MI VISIÓN DE UNA SITUACIÓN ES TAN
MALA COMO YO DECIDA QUE LO ES.

7

Brazaletes de amistad

Porque todos ofendemos muchas veces. Si alguno no ofende en palabra, éste es varón perfecto, capaz también de refrenar todo el cuerpo.

SANTIAGO 3:2

¿Sabes cómo hacer brazaletes de amistad? Es bastante sencillo una vez que aprendes el patrón. En general, tomas cuatro hilos separados y los tejes hasta lograr un patrón. El patrón puede ser tan único como el tejedor quiera que sea, pero, una vez que la secuencia ha sido establecida, no puede cambiar. Esa es probablemente la parte más difícil del proceso. No es el tejer o el hacer nudos tanto como es el seguir avanzando con la secuencia que ha sido decidida desde el inicio. Parece tedioso, pero hay una recompensa para aquellos que confían en el proceso hasta el final. Si cada hilo ha sido colocado en la secuencia establecida, el brazalete revelará un patrón que pareciera siempre haber existido.

La creación del primer brazalete siempre es interesante. Alguien con experiencia despierta el interés en otros al mostrar un diseño casi perfecto como ejemplo y explicar cómo tejerlo. La triste realidad de esto es que el brazalete del «primer intento» nunca se ve parecido a la perfección del tejedor experimentado. Usualmente hay unos pocos hilos puestos en el lugar incorrecto, o hay algunos nudos que no fueron apretados lo suficiente. Esto normalmente no detiene a las personas de volver a intentarlo. Nunca se culpa al brazalete tanto como a la falta de confianza del tejedor en el proceso.

¿Cuántos de nosotros nos frustramos con nosotros mismos cuando nuestros pasos no son perfectos? Vemos a otros que han caminado por el mismo camino con naturalidad y suponemos que para ellos simplemente es más fácil. Como con los brazaletes, no hay nadie que haya caminado el camino de la vida y lo haya encontrado fácil. Sin embargo, muchos de nosotros podemos pensar en alguien que pareciera tener todo bajo control. Ellos leen su Biblia todos los días; parecen tener el tiempo suficiente para ayudar a otros o simplemente tienen cierta facilidad para usar sus palabras cuando oran en público. Es fácil para nosotros suponer que estas personas nacieron buenas, pero pregúntale a cualquiera de ellas y te dirá lo mismo: sus primeros pasos involucraron dificultades, tambaleos y retrasos... Igual que nos pasa a nosotros.

La diferencia es básicamente la misma: confianza. Para muchos de nosotros, confiar en Dios es una de las cosas más difíciles del mundo porque tenemos el concepto de que nunca seremos capaces de vivir a la altura de los estándares de Dios. Lo cierto es que nunca podremos caminar Su camino perfectamente, y eso está bien, puesto que Cristo ya ha vivido esa vida perfecta en nuestro lugar. ¿Crees que esas personas «perfectas» alrededor tuyo no tienen dificultades? ¡Claro que sí! Todos las tenemos. Pero hay confianza en el proceso. Hay confianza en el camino que Dios les ha dado. Confía en Él. Encuentra gozo en saber que no eres la única persona caminando. Cuando cada paso se va facilitando y la carga parece ser más ligera, no significa que tu fuerza esté aumentando. A veces significa que estás cada vez más cerca de Dios y Él es tu fuerza.

SEÑOR, YO SÉ QUE NO SOY PERFECTA. YO SÉ QUE ESTOY LEJOS DE SERLO. QUIERO ESTAR MÁS CERCA DE TI. QUIERO CAMINAR EL CAMINO QUE TÚ HAS PUESTO DELANTE DE MÍ. DAME LA FUERZA PARA HACERLO Y EL IMPULSO PARA SEGUIRTE CADA DÍA. AMÉN.

8

El mantel

**El sana a los quebrantados de corazón,
y venda sus heridas.**

SALMOS 147:3

Tal vez es un poco extraño hablar sobre un funeral en un libro acerca del gozo y, aun así, aquí estamos. La muerte de Isabel sacudió a la familia. Ella era una luz que iluminaba cada reunión familiar. Esto no quiere decir que sus familiares eran hostiles unos con otros. Siempre había mucho amor entre ellos, pero nadie amaba como Isabel. Ella dejó atrás a 1 esposo, 5 hijos, 17 nietos y 4 bisnietos. Los días festivos eran tiempos especiales en su casa, especialmente por los comentarios sobre un mantel especial.

Isabel no era lo que tú llamarías una costurera. No se la consideraba una maestra con el hilo y la aguja. Pero esto no la detuvo de encarar el proyecto de hacer un mantel que se había convertido en parte de la experiencia familiar. La familia iba creciendo, así como la línea de mesas que mantenían a la familia junta durante las comidas. Con cada nueva familia se añadía una nueva mesa a la fila de mesas, lo cual ayudaba a tener espacio para todos. Siempre hacendosa, Isabel comenzó la creación de un mantel enorme que cubriría los diferentes tipos de mesas y ayudaría a que todo se viera más uniforme.

¡Lo irónico es que el mantel era todo menos uniforme! Al ir creciendo las familias, fue imposible mantener el patrón del mantel de manera adecuada.

Así que, ella permitía que las familias añadieran tramos al mantel como quisieran. Le preguntaba a cada nieto cuando tenía la edad suficiente para contestar: «¿Qué color te gustaría que siguiera?». Con cada respuesta venía un color diferente, lo que añadía cada vez más longitud al mantel y menos ritmo al patrón. Este mantel de colores se había convertido en parte de la experiencia familiar.

Después del funeral de Isabel, pasaron algunas semanas antes de tener la primera comida familiar. Había una silla vacía. Alguien faltaba por primera vez en lugar de añadir a alguien. Para la familia este era un día de luto... no de gozo.

Y, en ese momento, el esposo de Isabel desdobló el mantel para cubrir la serie de mesas y hacer una sola. Algunos comenzaron a llorar, pero antes de que el cuarto se inundara de un tono solemne, su esposo dijo: «Isabel, te amo, pero eras una terrible costurera». A lo largo de la mesa, se pudieron ver algunas sonrisas y escuchar unas risas... y Isabel no hubiera querido algo diferente. Habrá épocas de pérdida en nuestra vida. Habrá momentos donde la tristeza parezca natural, pero en ese momento escoge el gozo.

ESTOY LUCHANDO, DIOS. PERMÍTEME VER
MÁS ALLÁ DEL DOLOR QUE TENGO Y DAME
LA HABILIDAD DE ENCONTRAR GOZO EN
LOS MOMENTOS MÁS OSCUROS. AMÉN.

9

Mamá en el bachillerato

**No os acordéis de las cosas pasadas, ni
traigáis a memoria las cosas antiguas.**

ISAÍAS 43:18

Alison siempre ha sido una mujer hermosa. Ahora en sus cincuenta, ha logrado el honor de ser conocida como la mujer que «envejeció agraciadamente». Viniendo de las personas en su pequeño pueblo, Alison sabe que este es un cumplido encubierto. Desde la perspectiva de sus hijos, Alison siempre ha sido una mujer serena, elegante y sofisticada. No tenía miedo de ensuciarse las manos y hacer trabajos duros, y siempre lo lograba con dignidad, respeto y una sonrisa triunfante hacia aquellos que la necesitaban. Alison, sin embargo, no siempre fue así.

Una tarde, al observar fotos del pasado, las hijas de Alison encontraron una foto de una pareja joven. A primera vista, pensaron que era alguien más, hasta que vieron a su padre en la fotografía. Después de examinarla un poco más, ¡se dieron cuenta de que esta persona extraña era, desde luego, su madre! «¿Estaban en una fiesta de Halloween?», «¿Por qué traía puestos unos pantalones con agujeros?», «¿Y ese cabello?», «¿Alguna vez la has visto usar tanto maquillaje?», «¿Y qué hay de papá?», «¿Y está usando?». Estas fueron solamente algunas de las interminables preguntas que las niñas tenían sobre su madre.

Alison no puedo más que estallar en risas. Las niñas se miraron una a la otra nerviosamente, ya que su usualmente serena madre intentaba recobrar su compostura. Después de unos momentos de risas, su madre finalmente volvió a ser la mujer que las crio. Volteó a verlas y les dijo: «Señoritas, cuando vean algo negativo sobre su pasado, siempre pueden reírse porque saben que esa persona ya no es quien ustedes son ahora».

Muchas de nosotras luchamos con nuestro pasado. Muchas de nosotras probablemente recordamos esos momentos con temor e incluso estamos considerando destruir algunas de esas fotografías. ¡No lo hagas! ¡Tú no eres tu pasado! Hay muchas decisiones que todas y cada una de nosotras hemos tomado de las cuales nos arrepentimos, y hay decisiones que estamos tomando ahora de las cuales definitivamente nos arrepentiremos. Lo que debemos recordar, sin embargo, es que no somos nuestras decisiones. ¡No somos nuestros errores!

Servimos a un Dios increíble que ha visto nuestras peores fotografías, nuestros momentos frustrantes en el pasado, ha visto nuestros errores y aun así ha escogido amarnos sin importar como somos. Deja ir la identidad de tu pasado y tómate de la identidad que tienes en Dios.

SEÑOR, SÉ QUE NO SOY MI PASADO. SÉ QUE TÚ ME HAS REDIMIDO. RECUÉRDAME TOMARME DE TI CADA DÍA Y DEJAR EL PASADO EN EL PASADO. AMÉN.

¡Estudia, estudia!

Pues, ¿busco ahora el favor de los hombres, o el de Dios? ¿O trato de agradar a los hombres? Pues si todavía agradara a los hombres, no sería siervo de Cristo.

GÁLATAS 1:10

Existen muchos culpables por el estrés en nuestras vidas. Para algunos, puede ser la familia. Para otros, puede ser una carrera, pero pregúntale a cualquier adolescente y probablemente te dará una respuesta que tenga que ver con un examen. Entre exámenes de admisión y colocación, los adolescentes son lanzados al fuego académico y sienten que deben salir del otro lado sin ningún rasguño. ¡No es de extrañarse que la mayoría de los adolescentes teman el salón de clases!

Elena no es la excepción. Elena es una de esas personas que todos conocimos en la escuela. Estudia muchísimo. Pone prácticamente todo su enfoque en su carrera académica. Ve las actividades extracurriculares más como puntos extra para su currículum que como sus intereses personales. La tarea es obligatoria. Es una de las pocas estudiantes que encontrarás en la escuela en el día que no es obligatorio asistir. Para Elena, su trabajo en el bachillerato determinará a qué universidad asistirá. Su trabajo en la universidad la impulsará a ciertos programas de internado. Sus internados llamarán la atención de empleadores potenciales, y esos empleadores podrán ayudarla a obtener el trabajo de sus sueños. Sin más que decir, el éxito de Elena como estudiante es fundamental para obtener lo que ella ve para su futuro.

Pero hay un pequeño problema con esto. Ella se preocupa constantemente. Nunca olvida; nunca deja ir. Sacó un 80 en un examen de ortografía en el cuarto grado y aún no ha perdonado al maestro. También sacó un 99 en un ensayo del cual ella todavía dice haber merecido el 100 durante su primer año de bachillerato. Elena tiene una mente brillante, pero, cuando comete el más mínimo error, se enfoca en el error o en lo que pudiera haber sido en lugar de enfocarse en el gozo del éxito que ya ha ocurrido.

Esto no ayudó con su preparación para su examen de admisión a la universidad. Elena, en su intento de obtener una calificación perfecta, tomó el examen tres veces. Esta sería la última vez que podría tomar este examen para ponerlo en su aplicación para la universidad. La primera vez, logró obtener 33 puntos, luego 34 y ahora 35. Un examen más debería ser suficiente para poder lograr una calificación perfecta de 36. Unas semanas después de su cuarto intento, ella corrió a recoger el correo, abrió el sobre y gritó de frustración al observar una vez más la calificación de 35, como si este resultado se burlara de su esfuerzo. Se había esforzado tanto en ser perfecta, y ahora parecía que todo había sido en vano.

Envió las aplicaciones para la universidad a regañadientes y recibió una carta de parte de una de las escuelas de su elección un par de meses después. Era un sobre delgado, así que esperó lo peor. Pero dentro del sobre había una carta con un mensaje corto: «Nosotros no buscamos calificaciones perfectas; no buscamos personas perfectas; buscamos personas trabajadoras. Relájate. Disfruta tu verano, y te veremos en el otoño».

¿Cuántas veces ponemos nuestro mayor esfuerzo en ser perfectas solo para volvernos locas con cada intento fallido? No importa qué tanto intentamos, Dios nos ama sin importar nuestras deficiencias. Así que, trabaja duro; haz tu mejor esfuerzo, pero sabe que eres amada... incluso cuando caes.

SEÑOR, PERMÍTEME SABER QUE NO TENGO QUE SER PERFECTA PARA TI. RECUÉRDAME DIARIAMENTE QUE TÚ SIEMPRE ME HAS AMADO, INCLUSO EN LOS MOMENTOS EN LOS QUE HE SIDO DIFÍCIL DE AMAR. AMÉN.

11

Hipo

Estad siempre gozosos. Orad sin cesar. Dad gracias en todo, porque esta es la voluntad de Dios para con vosotros en Cristo Jesús.

1 TESALONICENSES 5:16–18

A todos nos dicen que algo podría ser peor. Habiendo dicho esto, odio cambiar el aceite de mi auto. Claro, nunca se trata del cambio de aceite en sí. Como muchos de nosotros sabemos, muchas veces llevamos nuestro auto al mecánico local y nos damos cuenta de que siempre hay algo más que necesita nuestra atención. Sin importar qué tan cuidadosos seamos como conductores, no importa cuántos baches evitemos, no importa de cuántos accidentes nos libremos... Sin falta está presente la interminable realidad de que siempre hay algo más que arreglar de lo que esperábamos.

Lo mismo puede decirse de Andrés cuando llevó su auto al mecánico. Ahora, Andrés era un individuo financieramente responsable. En general, compraba un auto con un par de miles de millas en lugar de uno nuevo. Vivía en un barrio que tal vez no era el más lindo, pero definitivamente accesible. Incluso compraba partes para su auto por su cuenta, en lugar de simplemente dejar que el taller proveyera esas partes. Su plan al hacer todo esto era poder comprar su primera casa, en lugar de sacar un préstamo. Era ambicioso, pero, de acuerdo con su plan, tendría lo suficiente para comprar su primera casa en unos pocos años.

Debido a su estilo de vida tan cuidadoso, odiaba lo que llamaba «hipos». Los hipos eran esos deslices financieros inesperados que le alteraban su plan poco a poco. Nunca era algo grave, pero siempre era algo inoportuno, y este día un hipo se veía venir.

Al estacionar su carro en el taller, solo esperaba un cambio de aceite y de filtro. Esperaba gastar unos $150 dólares. Estando sentado en la sala de espera, el mecánico se le acercó con una expresión de desilusión en su rostro. Le dijo: «Tu carro está en buenas condiciones, pero hay un problema». Obviamente frustrado, Andrés preguntó cuál era el problema. El mecánico se rascó la cabeza y dijo: «Normalmente no hago esto, pero deberías venir al taller y verlo tú mismo».

Andrés entró en pánico. ¿Que podría ser? ¿Tendría que rentar un carro esta noche? ¿Cuánto le iba a costar? Al ver su carro elevado en una plataforma, el temor inundó su corazón. El mecánico alumbró la llanta y le mostró que tenía un clavo enterrado. Lo increíble era que el clavo estaba a menos de un milímetro de causar que la llanta se reventara. El mecánico explicó que una llanta nueva le costaría alrededor de $100 dólares, pero, como no había causado un gran daño, él la podía parchar por solo $20. Esta situación seguía siendo un «hipo», pero Andrés podía manejarlo... Después de todo, podía haber sido mucho peor.

SEÑOR, ADMITO QUE SOY CULPABLE DE VER CADA CONTRATIEMPO COMO UN PROBLEMA MAYOR. RECUÉRDAME VER EL LADO BUENO DE LAS COSAS Y BUSCAR EL RAYO DE ESPERANZA EN TODAS LAS SITUACIONES FRUSTRANTES. AMÉN.

12

El autocine

**Regocijaos en el Señor siempre.
Otra vez digo: ¡Regocijaos!**

FILIPENSES 4:4

En un pequeño poblado en el centro de Tennessee, hay un autocine que atrae placas de miles de kilómetros de distancia. Es el lugar perfecto para un paseo accesible. Las parejas van ahí en sus citas. Las familias ven películas familiares, y una vez al mes encontrarás una terrible película de terror de los años 1950. Alex amaba este lugar. Verás, su abuelo fue el que construyó este autocine. Cuando fue construido, la mayoría del pueblo pensó que era una idea poco realista. Se burlaban de su abuelo por usar un pedazo de tierra en perfectas condiciones de poco más de una hectárea como estacionamiento con dos pantallas gigantes. Sin embargo, y sin tomar en cuenta las burlas, se convirtió en el lugar favorito de fin de semana.

Alex creció sentada en un banco en el módulo de ventas junto a sus abuelos cada fin de semana. Su trabajo era decir: «¡Disfrute la película!», y ella se tomaba esa responsabilidad muy en serio. Al ir creciendo, sus responsabilidades aumentaron, pero nunca olvidó decir: «¡Disfrute la película!». Para ella, era parte de la experiencia. De acuerdo a su abuelo, «Algunas veces, las personas no disfrutarán algo a menos de que se les recuerde...». Esta pepita de sabiduría era algo que ella guardaría en su corazón hasta su adultez.

Han pasado cerca de 20 años desde la primera vez que ella dijo: «¡Disfrute la película!». Sus abuelos ya fallecieron y dejaron la responsabilidad del autocine a los papás de Alex. Ella también pasó su responsabilidad a su hijo de cuatro años, quien se sienta en un banco, esperando ansiosamente para recordarle a los asistentes que «¡disfruten la película!». Las películas son más nuevas, las entradas son un poco más caras y el menú de comida ha cambiado de solo ofrecer palomitas y dulces a la posibilidad de comprar comidas completas, pero hay una cosa que no ha cambiado. Las personas siguen viniendo desde kilómetros de distancia a un campo con un par de pantallas gigantes y son recibidas con sonrisas y un pequeño niño recordándoles que «que debemos disfrutar la película».

En la vida, incluso cuando asistimos a eventos que deberían traernos gozo, muchas veces tenemos que ser recordados de que debemos disfrutar el momento. Habrá momentos en los que esto parezca imposible, pero Dios nos recuerda cada día que escojamos el gozo. Tal vez no siempre sea sencillo, y algunas veces necesitaremos un empujón, pero eso no cambia el hecho de que habrá muchos momentos que traerán gozo si simplemente escogemos aceptarlos desde el inicio.

SEÑOR, RECUÉRDAME BUSCAR EL GOZO CADA DÍA. DAME MOMENTOS EN LOS QUE EL GOZO SEA OBVIO; Y, EN LOS MOMENTOS QUE NO LO SEA, IMPÚLSAME EN LA DIRECCIÓN DE UN CORAZÓN QUE TE ESCOJA A TI Y AL GOZO DE CONOCERTE. AMÉN.

13

La disciplina del silencio

**Estad quietos, y conoced que yo soy Dios;
seré exaltado entre las naciones;
enaltecido seré en la tierra.**

SALMOS 46:10

Muchos pensarían que saber qué decir siempre es una disciplina digna de tener. Tal vez eso sea cierto, pero algunas veces hay un impacto incluso mayor en reconocer los momentos donde las palabras no son necesarias. Muchos de nosotros hacemos nuestro mejor esfuerzo para decir las palabras correctas, pero hay un mayor gozo que puede venir cuando una persona, en lugar de dar sus palabras, da de su tiempo.

No muchos están interesados en que les den consejos en una situación difícil. No queremos que nos prediquen en los momentos donde la frustración pareciera reinar. Todos hemos escuchado a nuestra pareja o a algún amigo decir: «Algunas veces, solo necesito que escuches». El silencio es una virtud; es el proveedor de uno de los mayores gozos en existencia: ser comprensivo.

Piensa acerca del tono que usamos para describir a este tipo de personas. ¿Hablamos de la persona locuaz con el mismo aprecio que de aquel que escucha intencionalmente? Si pudiéramos decir «Ella siempre tiene algo que decir...», en lugar de «Ella siempre sabe escuchar...», ¿cuál de las dos crees que traería más gozo?

Aunque podamos tener aprecio por ambas, hay algo especial en las personas que prestan su oído, escuchan intencionalmente y nos permiten procesar nuestros pensamientos y emociones sin interrupción. Siempre existe la tentación de interrumpir cada momento que sentimos que tenemos una palabra correcta, pero muchas veces puede no ser el momento de recibirla. Esto es lo que hace al silencio una disciplina gozosa. Todos nosotros podemos pensar en un momento cuando nos interrumpieron a mitad de oración con algún consejo bien intencionado. ¡Es frustrante! El gozo, sin embargo, viene del individuo que nos hace sentir escuchados.

Dios nos ha llamado a cada uno de nosotros a compartir palabras sabias. Eso es un hecho, pero Él también nos recuerda que debemos tratarnos unos a otros con respeto y dignidad. Escuchar a alguien sin interrupción es una de las cosas más respetuosas que podemos hacer por nuestros seres queridos que están pasando por un tiempo difícil. Después de todo, nunca escucharemos de alguien decir: «Gracias por decirme qué hacer sin permitirme terminar de expresar mis pensamientos», pero casi que podríamos apostar que habrá un corazón agradecido y gozoso en las personas que sienten que han sido respetadas y escuchadas.

Así que, ve y escucha. Antes de dar las palabras perfectas llenas de amor y sabiduría, asegúrate de haber practicado la disciplina del silencio y tomado el tiempo de escuchar a tus seres queridos.

ESPÍRITU SANTO, RECUÉRDAME CADA DÍA QUE
AUN CUANDO ME HAYAS DADO LAS PALABRAS
PERFECTAS QUE DECIR, DEBO SER RECORDADA
DEL TIEMPO PERFECTO PARA DECIRLAS.
RECUÉRDAME ESCUCHAR ANTES DE HABLAR.
RECUÉRDAME PERMITIR QUE MIS SERES QUERIDOS
TERMINEN DE EXPRESAR SUS PENSAMIENTOS
ANTES DE EXPRESAR LOS MÍOS. AMÉN.

14

Fiesta de burbujas

**En todo os he enseñado que, trabajando así,
se debe ayudar a los necesitados, y recordar
las palabras del Señor Jesús, que dijo: Más
bienaventurado es dar que recibir.**

HECHOS 20:35

Al acercarse el cumpleaños número siete de Emma, su padre se le acercó y le preguntó qué quería para su cumpleaños. Él tenía una idea bastante buena de lo que ella podría querer. Su hija había estado viendo una película casi a diario. Incluso él ya se había memorizado las canciones de tanto que las cantaba. Él supuso que ella querría un juguete que estuviera relacionado de alguna manera con esta película. La película era popular entre muchos niños, así que era muy probable que este juguete fuera un poco caro. Él no ganaba mucho en su trabajo actual, pero eso no lo detuvo de ahorrar un poco aquí y allá en los meses previos. Financieramente, estaba preparado para esta compra.

El personaje principal en la película tenía la habilidad de hacer burbujas que podían llevar a los personajes a diferentes partes de la tierra mágica. En la juguetería había una varita de burbujas específica que podía hacer burbujas enormes como el personaje principal. Y aunque era un concepto sencillo, como se parecía al de la película, este juguete era caro. Cuando su padre le preguntó qué era lo que quería al caminar por la tienda, Emma pasó de largo el lugar donde estaba el juguete que él creía que ella escogería. En lugar de ese juguete, ella escogió un paquete de 20 varitas de burbujas regulares que costaba una fracción del precio del otro.

Esto tomó por sorpresa al padre, pero cuando le preguntó a su hija por qué no escogió la versión más bonita del juguete, ella simplemente dijo: «Bueno, mis amigos van a venir y quiero que ellos también tengan un regalo». Él no podía estar más orgulloso de su hija en ese momento.

No hay duda del gozo que viene de un corazón generoso. No hay necesidad de saber el resto de la historia simplemente porque sabemos que un espíritu de generosidad aprecia y ama sin importar lo que se le dé. Las personas raramente son exigentes cuando reciben un regalo inesperado y saben que se les dio por generosidad y no por obligación. Para la pequeña Emma, una fiesta de burbujas era todo lo que ella quería. No porque estuviera interesada en ser el centro de atención, sino porque quería compartir su día especial con otros. Los invitados pudieran haber asistido y observado a una niña abrir regalos y disfrutar su día. En lugar de eso, vieron a una niña que no estaba interesada en retener el gozo para ella misma, sino que intencionalmente se aseguraba de que su gozo fuera compartido.

SEÑOR, AYÚDAME A SIEMPRE SER GENEROSO.
INCLUSO CUANDO LOS MOMENTOS DE GOZO
PODRÍAN SER ESPECÍFICAMENTE PARA MÍ,
PERMÍTEME COMPARTIR CONSTANTEMENTE
ESE GOZO CON OTROS. AMÉN.

15

Ese chico

**Andad en todo el camino que Jehová vuestro Dios
os ha mandado, para que viváis y os vaya bien, y
tengáis largos días en la tierra que habéis de poseer.**

DEUTERONOMIO 5:33

Mario admitiría que no estaba en forma. No tenía ningún tipo de condición para correr 42 metros, ¡mucho menos 42 kilómetros! Siempre había dicho que quería ponerse en forma. Siempre había intentado perder peso, pero entrenar para un maratón parecía algo extremo. Él no era ese tipo de chico. No era un corredor. No era del tipo atlético. Simplemente él no era ese chico. Y, sin embargo, aquí estaba, a diez meses de la carrera en una caminadora, sudando y gruñendo su camino hacia el primer kilómetro. Era terrible y sabía que se arrepentiría cada segundo de esto.

Cada día, avanzaba 200 metros en distancia. El primer día, corrió un kilómetro; el siguiente día, corrió 1,2 kilómetros; el siguiente, 1,4 kilómetros, y así sucesivamente. Después de un mes pudo correr 5 kilómetros. Todavía respiraba fuertemente y no era muy veloz, pero veía signos de avance.

Después de tres meses, había conquistado 15 kilómetros. Se dio cuenta de que era un poco más rápido y realmente no se cansaba hasta comenzar su onceavo kilómetro.

Luego de siete meses, corrió su primer maratón fuera de una carrera. Todavía tenía tres meses más para prepararse para la carrera y aquí estaba, corriendo la distancia de la carrera por sí mismo.

Durante los últimos dos meses su enfoque comenzó a cambiar hacia la velocidad. Ya había pasado de la actitud de simplemente terminar la carrera a querer ser un competidor. Comenzó a aprender cómo usar el terreno de la carrera a su favor. Las lomas ofrecían un poco de resistencia, pero bastante velocidad del otro lado. Los señalamientos se convirtieron en puntos de revisión para verificar su velocidad. Aunque su antiguo yo hubiera odiado admitirlo, Mario se había convertido en ese chico... y no podía estar más feliz.

Como cristianos, muchos de nosotros tenemos temor de ser ese creyente. No queremos parecer fanáticos, y por esa razón casi instintivamente escondemos nuestra luz del mundo. La realidad es que somos llamados a brillar. Somos llamados a ser luz en un mundo de oscuridad. Así que, debido a un falso respeto por el mundo, no leemos nuestras Biblias en público, nuestras oraciones antes de comer son rápidas e impersonales, y ni se diga hablar de nuestra fe abiertamente. Como la renuencia inicial de Mario para entrenar, nosotros no nos damos cuenta del gozo que viene de vivir nuestra fe. Así como Mario descubrió su nueva vida y gozo en correr la carrera, permite descubrir el gozo de caminar abiertamente con Dios.

SEÑOR, ENSÉÑAME EL GOZO QUE VIENE DE
CONOCERTE Y SEGUIRTE ABIERTAMENTE.
PERMITE QUE LA LUZ QUE ME HAS DADO
ALUMBRE BRILLANTEMENTE A OTROS
Y PERMÍTEME ENCONTRAR EL GOZO DE
ESTAR CADA VEZ MÁS CERCA DE TI.

16

A la luz de las estrellas

**Nuestro Dios está en los cielos;
todo lo que quiso ha hecho.**

SALMOS 115:3

En Sedona, Arizona puedes encontrar un campamento que dice ser el lugar más oscuro de EE. UU. Esto podría ser un poco preocupante para algunos, pero para muchos campistas es una de las maravillas que todo amante de la naturaleza debe experimentar. Durante el día, es solo un desierto. Hay mucho polvo, algunos cactus, formaciones rocosas inspiradoras y un gran cielo abierto. Por la noche, sin embargo, la tierra se enfría, los cactus se pierden en el fondo, las formaciones rocosas se convierten en siluetas y el gran cielo abierto remueve el sol y enciende innumerables estrellas usualmente escondidas por la contaminación lumínica.

Para los no creyentes que visitan el área, es una escena abrumadora de un cosmos en constante expansión que nunca será comprendido. Cada estrella representa un sistema por descubrirse. Cada espiral visible de la Vía Láctea recuerda al observador que somos una parte infinitesimal de las incontables galaxias existentes. Estas galaxias se mueven entre innumerables estrellas que calientan planetas por descubrirse en un universo que nunca será completamente cartografiado. Para el cristiano, esta es una de las incontables creaciones que Dios ha puesto en existencia.

Esto podría parecer abrumador para muchas personas que ven las estrellas y se asombran, pero, para los cristianos, la única emoción abrumadora es la emoción de amor. Cuando sabemos que hay un Dios que creó cada grano de tierra, cada planta, cada formación rocosa y cada estrella en el universo, y aun así nos conoce, ama y tiene un plan para nosotros, esta emoción es todo lo que podemos sentir para controlar el gozo abundante que fluye de nuestros corazones.

La noción de tal conocimiento es algo que confunde a muchos eruditos y teólogos, pero, dentro de la complejidad de nuestro universo, encontramos la simplicidad del amor de Dios. No importa cuán vasto y misterioso sea este universo: el amor de Dios no cambia. Aunque nos sintamos tan insignificantes como un grano de tierra, existe un sentido eterno que ha sido colocado en nuestras almas por el Dios que creó el cosmos, quien nos ha amado y conocido desde antes de nacer. ¿Cómo no experimentar gozo en conocer a un Dios tan grande que nos ama en un nivel que jamás comprenderemos?

SEÑOR MI DIOS, GRACIAS POR AMARME. GRACIAS POR AMARME EN UN NIVEL DE AMOR QUE JAMÁS COMPRENDERÉ. AUNQUE TÚ FORMASTE LAS ESTRELLAS, ME CONOCES Y ME AMAS. RECUÉRDAME NUNCA OLVIDAR ESO Y SIEMPRE SER AGRADECIDA.

17

La caja de globos

**Instruye al niño en su camino,
y aun cuando fuere viejo no se apartará de él.**

PROVERBIOS 22:6

Las fiestas para revelar el género del bebé se han convertido en un fenómeno de las redes sociales. Se ha vuelto algo esperado después de que una pareja anuncia que está esperando un bebé. Estas fiestas tienen un magnetismo natural de gozo. Los amigos y familiares se reúnen no solo para disfrutar la compañía unos de otros, sino también para hacer una declaración. Cada invitado está haciendo una promesa al asistir. Están diciendo a los padres que estarán ahí para ellos. No solo en la fiesta, claro, también estarán presentes para la crianza del bebé. Están comunicando a los padres que no están solos. Sí, ellos son los padres, pero no están solos.

Uno de los accesorios más usados en estas fiestas es una caja llena de globos rosas o azules. Una persona de confianza coloca los globos rosas o azules en la caja y después la pareja abre la caja para revelar el color a sus invitados. Es un tiempo gozoso para todos los que ven esos globos salir de la caja; pero, en realidad, el color de los globos no parece importar. Para los padres, aunque tienen sus preferencias, no parece importarles el color que hay adentro. Ellos están felices de que hay un color para celebrar y personas con quienes celebrar ese color.

No importa si el color que sale de esa caja es rosa o azul, la pareja tiene gozo en saber que no están solos. No son los únicos celebrando. No son los únicos haciendo planes. Los padres pueden estar pensando en los primeros pasos del bebé, sus primeras palabras o los primeros días de escuela, pero hay más cosas sucediendo. Los abuelos están pensando en futuros regalos. Los tíos y tías están planeando lecciones futuras de sabiduría que compartirán. Los amigos de la familia están pensando en las noches que ayudarán cuidando a ese bebé.

La caja de globos es un accesorio de la fiesta que trae risas y gozo. Está a plena vista de todos, pero es mucho más que una simple celebración de género y de futuro nacimiento. Está a plena vista para recordarte que si fuiste invitado es porque has sido considerado de confianza. La pareja invita a alguien no solamente porque es amado, sino también porque confían en tener una mano que les ayude en la crianza de su bebé, sin importar su género. Con ese conocimiento, debe reconocerse la responsabilidad que se coloca en los invitados, pero también debe haber una celebración de la confianza que se muestra de parte de los padres hacia sus invitados.

La confianza es algo especial. Viene con responsabilidad, claro, pero más que eso viene con el gozo de saber que esta confianza ha sido ganada.

SEÑOR, GRACIAS POR LAS PERSONAS QUE SE HAN GANADO MI CONFIANZA Y GRACIAS POR LAS PERSONAS QUE CONFÍAN EN MÍ. PERMÍTEME TENER MOMENTOS PARA CONSTRUIR CONFIANZA EN OTROS Y AYÚDAME A PODER CONFIAR MÁS EN OTROS. AMÉN.

18

La suite presidencial

**Si, pues, coméis o bebéis, o hacéis otra cosa,
hacedlo todo para la gloria de Dios.**

1 CORINTIOS 10:31

Fernando ha trabajado en la recepción de un hotel de cinco estrellas por casi cuatro años. Comenzó su primer día de trabajo con un chaleco rojo, empujando carritos llenos de maletas. Ahora usa un traje, se sienta detrás de un escritorio de mármol, maneja miles de dólares cada día y, lo mejor de todo, el más grande honor, aprueba las reservaciones para la suite presidencial. Este hotel se jacta de tener un toque personal con cada cliente. Luego de que alguien se acerca a la recepción, Fernando pide a uno de los empleados que tome su equipaje y lo guíe a su cuarto, pero de vez en cuando sucede algo especial. Una vez al mes, él recibe una llamada: alguien realiza una reservación para la suite presidencial.

Cuando esto sucede, el rostro de Fernando se ilumina un poco. Él deja su escritorio de mármol y guía a estas personas importantes a su cuarto. No tiene que cargar el equipaje, pero siempre lo hace. En el camino hacia la suite, informa a los invitados sobre los servicios especiales que provee el hotel: servicio de taxi, servicio al cuarto y reservaciones privadas para cualquiera de los cinco mejores restaurantes en la ciudad. Nada de eso es muy importante para Fernando, pero siempre lo dice con una sonrisa, no por las palabras en sí, o por las personas importantes, sino por el cuarto en sí mismo.

Al acercarse al cuarto, los huéspedes notan que es el único cuarto que no tiene llave electrónica. Tiene una llave tradicional. La cerradura se cambia una vez al año por seguridad, mas la exclusividad de este cuarto comienza aun antes de entrar. Luego de abrir la puerta, Fernando les da un tour por el cuarto. Señala las ventanas que van desde el piso hasta el techo y comenta que los muebles son únicos, fabricados por los mejores carpinteros del mundo. Les muestra las diferentes obras de arte que el hotel ha adquirido a lo largo de los años. Los huéspedes usualmente no se impresionan mucho, pero Fernando sueña con el día que le digan a él estas palabras. Este tour en específico fue especial por razones buenas y malas. Han promovido a Fernando para ser el gerente del hotel, pero esto significa que ya no será el responsable de dar este tour.

Muchas veces, las oportunidades nuevas parecen ser algo atemorizantes porque podemos estar cómodas en donde estamos. Los pasos por tomar pueden ser intimidantes porque son desconocidos. Eso no debe detenernos de seguir adelante. Años después, Fernando recordaba su último tour, y específicamente el día siguiente. Cambió su escritorio de mármol a un lado de la puerta principal por un escritorio de roble en un cuarto que parecía una pequeña biblioteca. Cambió de ser el recepcionista a ser el gerente del hotel. Esto viene con una ventaja que anhela cada año. Cada año, él es el que recibe el tour. Es uno de los mejores momentos de su año. Trabaja, se asegura de que el hotel esté funcionando correctamente y después se acerca a recepción, da su nombre y toma su tour.

SEÑOR, PERMÍTEME TOMAR PASOS HACIA EL FUTURO. SÉ QUE HAY TIEMPOS EN LOS QUE VEO MI SITUACIÓN ACTUAL Y PUEDO SENTIRME CÓMODA DONDE ESTOY. AYÚDAME A SABER QUE, CUALQUIERA QUE SEA EL CAMINO QUE ME DES, HAY GOZO DEL OTRO LADO.

19

Asuntos pequeños

**Todo aquel que comete pecado, infringe también
la ley; pues el pecado es infracción de la ley.**

1 JUAN 3:4

Siempre se sabe cuándo es sábado en la casa de Mariana porque es su día de limpieza. Su familia te dirá que este título no parece tener mucho sentido porque la casa nunca pareciera estar sucia. Incluso cuando está un poco sucia, Mariana se pone en modo limpieza para acabar con eso. Tiene una regla sencilla: «Si lidias con las cosas pequeñas, nunca tendrás que lidiar con las grandes».

Para ella, esto significa tirar un plato desechable en el momento que ya no es útil. Significa doblar la ropa tan pronto termine de secarse. Significa quitar la hierba del jardín tan pronto salgan pequeños brotes de la tierra y, según Mariana, significa trapear y limpiar superficies cada sábado, sin importar si hay o no un desorden que limpiar. Cada sábado en la mañana, envía a su esposo y a los niños al parque. Usualmente se van un par de horas y regresan a la hora de la comida. Ella usa la mañana para relajarse, escuchar un audiolibro, trapear los pisos y limpiar las superficies.

Los últimos dos años, esto se ha convertido en un ritual semanal. Sí, ella está trabajando, pero honestamente ella ama tener la casa para sí misma. Mariana disfruta tener un hogar quieto y, más aún, ella disfruta limpiar todo, incluso si no está muy sucio, reemplazando la suciedad con un fresco color a limón.

En la vida, muchos ignoramos nuestros problemas. Incluso, si no los ignoramos, haremos lo mejor que podamos para fingir que no son tan malos como parecen. Después de todo, solo son «pequeños pecados». Puede ser una mentira blanca o tal vez tomar un par de plumas de la oficina, o incluso «perdonar» a alguien, pero ignorarlo como si no hubiera habido una reconciliación real. Sin importar lo que sea, cuando pasamos por alto los asuntos pequeños, estos se amontonan. Piénsalo... Los errores muy graves que hemos cometido probablemente sean pocos. Después de todo, probablemente no seamos ladrones de joyas o asesinos, pero cuando dejamos que una mentirita blanca o un chisme se filtre a nuestras vidas, estos se amontonarán si no lidiamos con ellos.

Mariana enfatiza el gran gozo que viene de tener un piso limpio. Me pregunto cuánto gozo viene de tener una conciencia limpia.

SEÑOR, RECUÉRDAME LIDIAR CON LAS COSAS PEQUEÑAS. NO PERMITAS QUE SE QUEDEN. PON EN MÍ UN CORAZÓN QUE DESEE ENCARGARSE DE LOS ASUNTOS PEQUEÑOS PARA QUE NO SE CONVIERTAN EN ASUNTOS GRANDES. AMÉN.

20

Roles de canela

**Compartiendo para las necesidades de los
santos; practicando la hospitalidad.**

ROMANOS 12:13

Andrea ha trabajado en el ministerio de campamentos por casi cinco años. Durante el otoño, coordina el equipo de verano, organiza a los grupos que visitarán durante los próximos meses y ayuda a buscar materiales de estudio bíblico para el verano. Es el tipo de persona que siempre parece tener una sonrisa en su rostro o una risa pronta. Para ella, no es difícil tener gozo. Cuando se aproxima el mes de marzo, revisa los últimos detalles de reclutamientos para el verano. Cuando pasa el mes de abril, normalmente organiza oportunidades de entrenamiento y recibe algunas aplicaciones de último momento. A mediados de mayo, organiza los nombres de los grupos basándose en lo que sabe de los grupos hasta ese momento. Luego, cuando llegan los miembros del personal, celebra su llegada ondeando una bandera en la entrada mientras el director del campamento los guía a sus cabañas para el verano. Dicho de una manera sencilla, Andrea ama el campamento.

Muchos de nosotros probablemente recordamos nuestro tiempo en campamentos y tenemos recuerdos lindos del lago, los campos de voleibol, caminatas e incluso manualidades, pero algo que la mayoría de nosotros no recuerda con agrado es la comida. Sin importar cuán agradable haya sido la experiencia de campamento, el huevo en polvo, la pizza rectangular y las hojuelas de puré de papa raramente son bienvenidas. Sorprendentemente, entre las largas horas de trabajo y la poca paga, lo único de lo que se queja el personal es de la calidad de la comida.

Este, sin embargo, no es el caso para Andrea. Ella es muy cuidadosa en alagar al personal de la cocina. Cada mañana entra y canta su canción tradicional «Desayuno de roles de canela, ¡uno de mis favoritos!». No importa que los roles de canela se sirvan cada mañana; aun así, ella canta esta canción, y el personal de la cocina la ama por esto. Cuando se sienta con el resto del personal, muchos de ellos están perplejos por el gozo que ella demuestra al cantar. Nunca han entendido la razón por la que ella demuestra tanto gozo al comer la misma comida cada día.

Finalmente, después de dos semanas de escucharla cantar, un miembro del personal le preguntó por qué siempre estaba tan animada cuando entraba a la cafetería por comida que era menos que deseable. Su respuesta fue simple: «Nuestros cocineros son bastante talentosos, pero es difícil obtener el mismo nivel de calidad cuando hay 50 miembros del personal y cientos de campistas. Ellos saben que su comida no es la mejor en este momento. No necesitan que yo se los recuerde, así que celebro lo que amo: roles de canela».

Muchos de nosotros olvidamos la importancia de esparcir gozo. Hay personas a nuestro alrededor cada día frustradas con sus circunstancias actuales. En lugar de reforzar lo negativo, tal vez puedas escoger enfocarte en lo positivo.

PADRE, SÉ QUE HAY MOMENTOS EN
LOS QUE ME ENFOCO EN LO NEGATIVO.
RECUÉRDAME ENCONTRAR LO POSITIVO Y
CELEBRAR LO QUE ENCUENTRE. AMÉN.

21

Vasos infantiles

**Mas a todos los que le recibieron, a los
que creen en su nombre, les dio potestad
de ser hechos hijos de Dios.**

JUAN 1:12

A la edad de 77, Julia pudo reconectar con algunos de los miembros de su familia que habían vivido en la costa. Significaba manejar once horas desde su casa en Kentucky, pero valía la pena. No era que estos familiares se hubieran desconectado de ella, pero, luego de que su abuela murió, se volvió cada vez más difícil pasar tiempo de calidad con primos que alguna vez había visto de tres a cuatro veces al año. Esta vez, sin embargo, era diferente. Había salido de su trabajo, entrado a su auto y manejado para disfrutar de una semana con sus primas. Todo funcionó de maravilla. El esposo de Julia necesitaba trabajar y los esposos de sus primas habían planeado salir a pescar la semana que ella estaría de visita. Sería como en los viejos tiempos, solo ella y sus primas poniéndose al día y recordando sus momentos juntas. Y lo mejor de todo: tenían una playa cerca.

Cuando llegó, salió de su auto, se estiró y caminó hacia la puerta para saludar a sus primas. El saludo, sin embargo, pareció algo forzado. Se abrazaron, sonrieron e incluso se rieron un poco, pero todo parecía ser fingido. Algo parecía diferente. No era que sus primas habían cambiado o que Julia había cambiado. Simplemente, el tiempo había cambiado las relaciones familiares para convertirlas en solo conocidas. Habían perdido la habilidad de hablarse como si se conocieran.

Julia estaba preocupada. Sentía que había pasado el tiempo de ser cercana con sus familiares. Con la pérdida de su abuela, ¿había perdido también la relación con sus primas? Para ella, la palabra «prima» era meramente un título. Eran más como hermanas cuando estaban juntas.

Después de un día largo, Julia comenzó a considerar irse más pronto de lo planeado. Comenzó a sentir que se había convertido en una carga para la familia. Al preparar la cena, fue a buscar vasos y una sonrisa se dibujó en su rostro. «¿Les gustaría que me encargue de las bebidas?», preguntó.

Sus primas accedieron, pero, al sentarse a comer, encontraron vasos tan pequeños que las bebidas en su interior podían terminarse en cuatro o cinco tragos. Las tres soltaron carcajadas. Julia recordó que todos los nietos eran forzados a tomar de esos vasos infantiles incluso cuando llegaron a ser adolescentes. Su abuela nunca pudo verlas como algo más que sus nietas bebés.

Algunas veces una pequeña conexión es lo que se necesita para desarrollar una relación significativa o incluso para devolverle la vida a una que pareciera estar muerta. Encuentra conexiones con las personas a tu alrededor. Te sorprenderás del tipo de gozo que puede venir de tales conexiones.

SEÑOR, GRACIAS POR LAS COSAS PEQUEÑAS.
GRACIAS POR EL GOZO QUE VIENE DE
LAS CONEXIONES PEQUEÑAS QUE NOS
MANTIENEN UNIDOS. RECUÉRDAME AMAR A
LOS DE MI ALREDEDOR Y ENCONTRAR LAS
CONEXIONES QUE FOMENTARÁN RELACIONES
QUE DURARÁN TODA LA VIDA.

22

En búsqueda de un refugio

**Esperad en él en todo tiempo, oh pueblos;
derramad delante de él vuestro corazón;
Dios es nuestro refugio.**

SALMOS 62:8

Hay un pequeño poblado en Kansas que se jacta de tener muchos campos para cultivar y del hecho de tener solo un semáforo. Es un pequeño pueblo muy especial. Es el tipo de lugar en donde las personas te saludan sin conocerte. Es el tipo de lugar en donde las personas te preguntan cómo estás al comprar comida en el supermercado. Es el tipo de lugar en donde tu forma de saludar identifica tu carácter. Las personas intercambian sonrisas y se demuestran calidez unos a otros. Pocos aman la vida en los pueblos chicos, pero nadie puede negar su encanto.

Los partidos de fútbol son tan obligatorios como asistir a la iglesia. El restaurante local sirve como centro de informaciones y el arte de hornear es muy competitivo en los festivales. Encontrar gozo en este pueblo no es exactamente algo muy difícil, pero el verdadero valor del pueblo se manifiesta durante la temporada de tormentas.

La mayoría de las casas del pueblo tienen sótano, pero hay algunas pocas casas en cada barrio que no están equipadas para sobrellevar algunas de las tormentas que llegan a Kansas. Esto, sin embargo, no cambia la actitud que se demuestra en los días soleados. Cuando se anuncia que se avecinan tormentas, la comunidad se prepara. Hacen llamadas e invitan a las personas a buscar refugio a cambio de una receta de pastel.

Las noches de película se llevan a cabo en la iglesia local para mantener a las familias tranquilas en medio de los fuertes vientos. Algunas familias incluso llevan a cabo lo que llaman «fiestas de refugio», en las que invitan a los vecinos a refugiarse en sus sótanos y jugar, disfrutar y reírse juntos en medio de los fuertes vientos.

Cuando sucede una tragedia, es fácil quedar atrapadas en los vientos del caos. Muchas de nosotras somos conscientes de esas emociones. Esto no tiene que ser así. Hay un gozo que viene de sacar lo mejor de una situación tormentosa. Cuando trabajamos juntos en tiempos frustrantes, el gozo fluye de manera natural. Cuando nos cuidamos unos a otros, descubrimos el gozo que muestra amor hacia nuestros vecinos y se gana el aprecio de aquellos a quienes apreciamos. Piensa en el amor que demuestras diariamente. ¿Quién está en medio de una situación tormentosa que tenga necesidad de refugio?

PADRE, SÉ QUE HAY PERSONAS A MI ALREDEDOR QUE NECESITAN MI AYUDA. PERMÍTEME RECONOCER LAS NECESIDADES DE OTROS A MI ALREDEDOR Y AYÚDAME A CUIDAR DE ESAS NECESIDADES. AMÉN.

23

Soltera y buscando

Por esto, mis amados hermanos, todo hombre sea pronto para oír, tardo para hablar, tardo para airarse.

SANTIAGO 1:19

Marisol maneja una pequeña empresa los fines de semana. Bueno, técnicamente es una tienda en línea, pero solo trabaja en la creación de letreros los fines de semana. Cuando comenzó, hacía proyectos solamente para su familia y amigos, pero ahora tiene una empresa floreciente y está considerando dedicarse a ella de tiempo completo. Hace letreros para el jardín con frases lindas como: «Hogar dulce hogar», y reutiliza materiales para crear nuevos artículos como un mueble para colgar tazas.

Su éxito de ventas, sin embargo, es un letrero que se coloca en el lavadero y dice: «Soltera y buscando». Esta frase hace alusión a los sitios de redes sociales en que las situaciones sentimentales pueden ser tan descriptivas como se quiera. Es un letrero pequeño. Tal vez mida unos 20 centímetros de ancho y está formado por pedazos de madera. Está pintado de tal manera que parece caoba y tiene dos broches en la parte delantera. Finalmente, en una tipografía divertida, dice la frase «Soltera y buscando». Creó este letrero para recordar de manera graciosa que a una calceta le falta su pareja.

Cuando le preguntaron qué la inspiró para crear ese letrero, dio una respuesta bastante divertida. Admitió que odia lavar la ropa. No porque no aprecie tener ropa limpia, sino que siempre ha odiado la posibilidad de perder una calceta. «¡Enfurece!», admitió ella. «Pierdo una calceta y después olvido dónde dejé la calceta que no estaba perdida, y así pierdo ambas calcetas y me quedo sin un par. Por eso, creé un letrero que me recuerde dos cosas: (1) es una simple calceta; (2) usualmente la pérdida es temporal».

¿Cuántas de nosotras permitimos que frustraciones pequeñas tales como perder una calceta nos priven de mantener nuestro gozo? ¿Qué tan frecuentemente permitimos que los pequeños contratiempos del día nos priven de encontrar y escoger el gozo? Cuando nos encontremos con estas pequeñas frustraciones, quizás una mejor táctica será recordar que la frustración es usualmente temporal y no es digna de tener el control sobre nuestro gozo..

SEÑOR, HE PERMITIDO QUE LAS COSAS PEQUEÑAS
CAUSEN FRUSTRACIONES GRANDES. RECUÉRDAME
QUE LOS PROBLEMAS PEQUEÑOS SON SOLO ESO,
PROBLEMAS PEQUEÑOS. PERMÍTEME ESCOGER
EL GOZO EN LOS MOMENTOS QUE PARECEN
OFRECER SOLAMENTE FRUSTRACIONES.

24

Puede requerir ensamblaje

**Toda la Escritura es inspirada por Dios,
y útil para enseñar, para redargüir, para
corregir, para instruir en justicia.**

2 TIMOTEO 3:16

Una de las frases más devastadoras que algunas personas pueden leer en una caja es «Puede requerir ensamblaje». Muchos tienen este deseo innato de armar un proyecto sin usar el manual. Muchas personas cuentan historias de intentar ensamblar algo por ellos mismos e inevitablemente invertir más tiempo del que quizás era necesario. Las instrucciones de ensamblaje del pasado solían ser pesadillas, llenas de párrafos con información en diversos idiomas.

Hoy en día, muchas instrucciones de ensamblaje vienen con dibujos claros y oraciones cortas que son fáciles de seguir. Sin embargo, todavía existe una aversión a usar las instrucciones. Sin importar cuán fácil sean las instrucciones, las personas encuentran la manera de intentar ingeniárselas por sí mismas. Aun así, siempre existe el momento en el que la persona se rinde, toma el manual y ensambla el proyecto en la manera que fue diseñado.

Hay muy poca diferencia en nuestro caminar diario con el Señor, especialmente al leer Su Palabra. En el pasado, la Biblia era difícil de obtener para el público en general. Uno debía ser un estudioso para poder traducir el texto del griego, hebreo o latín para después compartir ese conocimiento con otras personas. Para muchos, la única instrucción bíblica que recibían era de parte de un representante de la iglesia. Ahora, la Biblia ha sido traducida a muchos idiomas e incluso existen subtraducciones para comunicar conceptos bíblicos, las cuales son traducciones palabra por palabra o incluso concepto por concepto. Aun cuando todas estas opciones están frente a nosotros, muchos escogemos intentar entender el caminar cristiano por nosotros mismos.

Vamos a la iglesia. Escuchamos al personal de la iglesia. Oramos. Puede ser que incluso sirvamos, pero muchos aun así no se toman el tiempo para leer la Biblia. Es interesante en las escuelas dominicales o en los grupos de la comunidad cuando escuchamos a alguien decir que le está pidiendo sabiduría al Señor. ¿Qué tan frecuentemente escuchamos esta pregunta y nunca pensamos en abrir la palabra de Dios? Cuando la caja dice: «Puede requerir ensamblaje», hay una razón detrás de esto. Quiere decir que el ensamblador puede suponer que probablemente habrá una lista de instrucciones para seguir. Cuando hablamos sobre vivir la vida cristiana, no nos debe sorprender que haya un libro que habla al respecto.

Así como ese set de columpios, librero o escritorio que vienen en una caja con instrucciones, nosotros también somos una obra que no está terminada. Dios nos dio talentos, regalos y discernimiento increíbles que nos permiten caminar confiadamente con Él día a día. Pero, sin algo de la guía de la Biblia, estamos armando las piezas sin instrucciones. Gózate en saber que hay guía a través de la oración y la comunión con otros cristianos, pero sobre todo en saber que siempre encontraremos una sabiduría más profunda al leer Su Palabra.

SEÑOR, RECUÉRDAME SER CONSCIENTE DE LA IMPORTANCIA DE LEER TU PALABRA. CUANDO PIDA SABIDURÍA, MUEVE MI CORAZÓN Y MI MENTE PARA BUSCAR ESA SABIDURÍA EN LA BIBLIA. AMÉN.

25

El gran Médico

**Él es quien perdona todas tus iniquidades,
Él que sana todas tus dolencias.**

SALMOS 103:3

¿Alguna vez has ido al doctor? Supongo que una pregunta más adecuada sería ¿con cuánta renuencia vas al doctor? La mayoría de las personas han ido al doctor, pero es probable que muchos hayan sido renuentes a agendar una cita. Inventamos cientos de razones en nuestras mentes para no tener que ir. Decimos cosas como «No estoy tan mal», o «No tengo el tiempo», o «Solamente necesito descansar». Mi favorita, la cual escucho muy a menudo, es «Se me va a pasar», y no hay nada peor que pensar así.

Cuando nos da una gripe o un poco de fiebre, nuestra actitud sencillamente es tolerar la enfermedad con la esperanza de que nuestros cuerpos puedan seguir adelante. Así no es cómo funcionan nuestros cuerpos. En realidad, así no funciona nada. Cuando se enciende la luz en el auto que dice: «Revisar motor», todos sabemos que no es sabio seguir forzando nuestro auto a funcionar como si nada necesitara reparación.

Muchos de nosotros hemos llegado al punto en el que finalmente nos arrastramos a la oficina del doctor y admitimos que necesitamos ayuda. Muchos de nosotros podemos recordar un momento en el que el doctor nos miró y preguntó: «¿Por qué no viniste antes?». El resultado es siempre el mismo. Nuestro medicamento es más caro de lo que pudo haber sido, nuestra recuperación toma más tiempo de lo que debió haber tomado y nuestras vidas son perjudicadas un poco más de lo que era necesario. Sin embargo, ese no es el problema principal. No importa cuánto podamos odiar ir al doctor; siempre termina habiendo un suspiro de alivio. Incluso mejora nuestro sentido del humor simplemente porque sabemos que la enfermedad ha sido tratada o está en el proceso de tratamiento.

En algún momento de nuestro caminar cristiano, todos nos encontramos con la enfermedad del pecado. Muchos de nosotros intentamos lidiar con él con nuestras propias fuerzas. Suponemos que el arrepentimiento significa simplemente ya no tener cierta conducta, pero es mucho más profundo que eso. Lidiar con el pecado es llevarlo a Cristo, pedir perdón y remover el deseo por eso en tu corazón. Así como la enfermedad, mientras más tiempo se queda, más difícil es deshacerse del pecado. ¡Trata la enfermedad del pecado y descubre el gozo de caminar una vida cristiana saludable con Cristo como tu gran Médico!

SEÑOR, ESTOY ENFERMA. ME HE PERMITIDO CAMINAR EN PECADO. RECUÉRDAME QUE EL PECADO ES UNA ENFERMEDAD QUE NECESITA TU ATENCIÓN. RECUÉRDAME VENIR A TI EN MIS TIEMPOS DE NECESIDAD PARA QUE ESTA ENFERMEDAD SEA REMOVIDA. AMÉN.

26

Abolladuras

Mas Dios muestra su amor para con nosotros, en que siendo aún pecadores, Cristo murió por nosotros.

ROMANOS 5:8

Pocas personas olvidan su primer auto, especialmente si lo compraron con su propio dinero. Ana no podía comprar algo demasiado lujoso. Había ahorrado una cantidad decente de dinero trabajando en un restaurante de comida rápida por poco más de un año. Se iba en bicicleta al restaurante, aprovechaba la comida gratis que les proveían como beneficio por ser empleados e incluso se había limitado a salir con amigos solo una vez al mes. Aun así, ella tenía solamente $2000 dólares cuando llegó el tiempo para comprar un auto.

Cuando llegó al lote de autos y comenzó a buscar, parecía que no podría encontrar nada de su agrado. Todos los carros usados estaban fuera de su presupuesto. Había aprendido a negociar precios de su padre y madre, pero estaba comenzando a preocuparse. Luego, al fondo del lote, la vio. Fijó sus ojos en un auto que nombraría Berta. Tenía un par de abolladuras, le faltaba pintura en algunas partes y el espejo retrovisor estaba un poco caído; pero, fuera de eso, el carro estaba en buenas condiciones. El motor estaba intacto e incluso tenía un rendimiento satisfactorio. Era lo que el vendedor consideraba un «carro feo».

Aunque tenía los asientos rotos, el portavaso pegajoso y la radio descompuesta, los cinturones de seguridad funcionaban, el cuerpo del carro estaba firme y tenía poco kilometraje. Aunque a primera vista parecía que el carro debía haber sido tirado en un lote de chatarra, todavía le quedaba mucha vida. Así que, después de la prueba de manejo, sin duda alguna, Ana dijo: «¡Quiero este!».

Negoció el precio un poco y logró cerrar la negociación con suficiente dinero como para reparar los asientos y llenar el tanque de gas. Un par de años después, este carro tendría nueva pintura, cero abolladuras y una radio funcionando. Ana pudo visualizar que este carro estaba lejos de ser material para un lote de chatarra.

Cristo trabaja de manera similar. De acuerdo con el mundo, somos un auto abollado, pero Cristo vio nuestro potencial para darle gloria a Dios. Él nos quiere como somos, con todo y abolladuras, aun sabiendo que estamos lejos de la perfección. Aunque estamos a kilómetros de ser perfectos, Él nos escoge y nos ama, nos usa para hacer la voluntad de Dios cada día. Hay gozo en saber que incluso con nuestras abolladuras y raspones, Dios vio una creación hermosa, esperando ser usada.

SEÑOR, GRACIAS POR ESCOGERME. GRACIAS POR AMARME CADA DÍA. GRACIAS POR VER MÁS ALLÁ DE MIS ABOLLADURAS Y RASPONES, Y POR AMARME Y USARME A PESAR DE TODO. AMÉN.

27

¿Dónde están los niños?

**Porque por gracia sois salvos por medio de la fe;
y esto no de vosotros, pues es don de Dios.**

EFESIOS 2:8

Adán era el pastor de un pueblo pequeño. Estaba en sus treintas y tenía dos niños pequeños, quienes comenzaban a acostumbrarse a la idea de que su padre era el pastor nuevo en un pueblo nuevo. Ellos eran como la mayoría de los niños pequeños a su edad: energéticos, aventureros y un poco desafiantes. Aun así, eran buenos niños. Eran, como su madre lo dice, solo niños.

Para poder tener un poco de control sobre su energía durante la semana, Adán llegaba a acuerdos con sus niños cada vez que salían de la casa. Los viernes, si tenían buenos reportes de sus maestros, iban por un helado. Los domingos, si se portaban bien en la iglesia, los dejaba escoger una película durante su tiempo de descanso. Los miércoles en la noche, si participaban, podían tomar una soda de camino a casa. Adán era aficionado a los acuerdos y, siempre y cuando sus niños siguieran las reglas, él mantenía su parte del acuerdo.

Los martes, sin embargo, eran días especiales. El martes era el día en el que la familia iba a la tienda juntos. Para la esposa de Adán, se había convertido en un ejemplo de ansiedad en acción. En cambio, a Adán le agradaba el reto de inventar un nuevo acuerdo cada semana para mantener el interés de los niños y a la vez poder actuar con sentido común al estar en la tienda. Una semana podía ser un juguete. La siguiente vez podía ser un dulce. Algunas veces podía incluso significar dormir 30 minutos más. El acuerdo este día era un poco diferente. Verás, a los niños también se les quitaban privilegios. El acuerdo de hoy implicaba ganarse esos privilegios de vuelta. Los niños se estaban comportando muy bien, pero, cuando llegó el momento de volver a casa, la esposa de Adán preguntó: «¿Dónde están los niños?». El rostro de Adán cambió por completo; sabía que él era el culpable en esta situación.

Caminó por la tienda y finalmente escuchó a sus hijos; pero, en lugar de escuchar risas y travesuras, escuchó a sus hijos llorando. Se habían perdido y, aunque sabían que su padre los encontraría, estaban tristes porque sabían que perderían la recompensa y que su castigo por su comportamiento previo continuaría. Al escuchar esto, Adán encontró a sus hijos, los abrazó fuertemente y se fueron a casa. No hubo castigo, solo amor de un padre.

Cuando observamos nuestro pasado, es fácil pensar cómo nos impedirá seguir adelante. Nuestros errores del pasado nos hacen sentir que ya no tenemos futuro, pero así no trabaja Dios. En Jesucristo, Dios ha castigado nuestro pasado y nuestras malas decisiones. Como Sus hijos, ahora Él nos acepta y nos ama a pesar de nuestros errores. Ese es el tipo de amor que Dios da.

PADRE, GRACIAS POR AMARME A PESAR DE MI PASADO. HAY MUCHAS COSAS QUE HE HECHO MAL Y, AUN ASÍ, TÚ ESCOGES AMARME. RECUÉRDAME CADA DÍA DE ESTE AMOR Y PERMÍTEME CONOCERTE MÁS Y MÁS CADA DÍA. AMÉN.

28

Cartas en la lonchera

Hay momentos en los que lo mejor que podemos recibir es una carta de un ser querido. En un mundo de correos electrónicos, mensajes de texto y publicaciones digitales, un mensaje escrito a mano implica que algo es lo suficientemente especial como para escribirse. Las parejas algunas veces dejan notas el uno para el otro como un recordatorio que expresa el cuidado invertido en escribir cada palabra. Las amistades de mucho tiempo pueden incluso enviar una carta por el correo, que tarda días en llegar solo para hacerle saber que están pensando en ellos. Y, aunque tal vez las cartas en la lonchera sean las más sencillas de las notas escritas, hay algo especial sobre ellas.

Muchos niños las dan por sentado, pero las extrañan cuando crecen. La carta en la lonchera es especial. Aunque las cartas y las notas se envían para comunicar un mensaje, las notas en la lonchera se envían en contenedores que hablan por sí mismos. Cuando un niño abre su lonchera, debería ser consciente del amor que se le tiene. En la lonchera, un niño encuentra un sándwich, papas, algo de fruta y quizás algo dulce. Este alimento debería comunicar un mensaje de amor en sí mismo. La carta dentro de la lonchera, sin embargo, va un paso más allá. No es necesariamente importante lo que dice la nota; todas tienen el mismo mensaje. Las notas dicen: «Oye, hice esto porque te amo y escribí esta nota para recordarte cuánto te...».

Como cristianos, sabemos que Cristo murió por nosotros. Sabemos que Su sacrificio fue la más grande muestra de amor que se nos pudo haber demostrado. La mayoría los cristianos tienen este conocimiento incluso sin leer su Biblia, y no puedo pensar en una realidad más triste. Es como abrir tu lonchera, ver la nota que ha sido escrita para ti, para luego tirarla a un lado sin siquiera abrirla. Nunca harías eso.

La Biblia fue escrita para demostrar el amor de Dios para ti. Así que, sí, puedes tener el conocimiento de lo que Cristo hizo por ti. Puedes saber que Dios te amó tanto que envió a Jesús a morir por ti, pero nunca podrás experimentar el gozo de saber lo mucho que te ama a menos que tomes el tiempo de abrir tu Biblia y leas al respecto.

SEÑOR, GRACIAS POR ENVIAR A TU HIJO A MORIR POR MÍ. GRACIAS POR DEMOSTRAR ESE AMOR POR MÍ. RECUÉRDAME SUMERGIRME EN TU PALABRA Y APRENDER MÁS Y MÁS SOBRE EL AMOR QUE ME HAS DEMOSTRADO Y ME SIGUES DEMOSTRANDO CADA DÍA. AMÉN.

29

El escritorio de roble

**Generación a generación celebrará tus obras,
y anunciará tus poderosos hechos.**

SALMOS 145:4

En los últimos pisos de una oficina antigua en Manhattan, se encuentra un escritorio de roble que ha servido a muchos. Ya no se fabrican piezas como esta. Es uno de esos muebles que parecen ser clásicos por siempre. Sus seis cajones con manijas cuadradas de metal sirven para almacenamiento y su superficie extendida permite que los visitantes llenen su papeleo cómodamente. Incluso viene con un gabinete que funciona como archivero para los que trabajan en la oficina. El escritorio en sí mismo ha sido una de las razones por las que algunas personas se niegan a ser promovidos, solo para quedarse en su oficina con este escritorio.

El presidente de la compañía ha argumentado que ese escritorio debería estar en su oficina, pero siempre ha encontrado resistencia por el hecho de que sería difícil moverlo de su oficina actual. El escritorio ha estado en esa oficina por casi 100 años. Este edificio de oficinas antiguo se ha convertido en algo parecido a un monumento, pero siempre se ha usado para la industria editorial. Sin importar la posición que haya representado esta oficina, hay un secreto peculiar entre los que la han ocupado. Si te acuestas en el piso y abres uno de los cajones, encontrarás un mensaje que se escribió en el fondo de uno de ellos. Este mensaje es sencillo y fue escrito hace décadas: «Tu trabajo es tu legado, no el escritorio...» y debajo de este mensaje hay una serie de firmas y fechas escritas a un lado de los nombres, que representan a quienes han trabajado desde este escritorio y el tiempo que trabajaron ahí.

Muchas veces nos enfocamos en los detalles de la vida y olvidamos por qué fuimos puestos aquí. Ponemos nuestro gozo en el lugar incorrecto. Buscamos obtener un buen carro o ropa elegante y olvidamos la realidad para la cual fuimos creados en primer lugar. Podemos querer una casa nueva con mesas de mármol y olvidar que ese lugar debe ser usado para compartir comida e historias. Podemos buscar una camioneta costosa con asientos con calefacción y portavasos ajustables, pero ¿no deberíamos simplemente enfocarnos en tener algo seguro que nos transporte de un lugar a otro?

Está bien tener cosas lindas. No está mal apreciar materiales de alta calidad, pero ahí no pertenece nuestro gozo. Nuestro gozo se encuentra en lo que hacemos con esas cosas. Tal vez tu escritorio de roble es ese nuevo refrigerador. Tal vez es esa nueva recámara. Sea lo que sea, en lugar de poner tu gozo en lo material, piensa en cómo pueda ser usado para beneficiar a otros. Tal vez el refrigerador provea más espacio para servir a aquellos que necesitan comida. Tal vez la recámara pueda ser usada para que tus familiares se sientan como en casa cuando vengan a visitar. Poner el gozo en un objeto es una labor superficial, pero poner el gozo en cómo ese objeto puede ser usado para beneficiar a otros es algo que ofrece profundidad en el entendimiento del gozo.

SEÑOR, ADMITO QUE HAY MOMENTOS EN LOS QUE ME ENFOCO EN LAS COSAS DE ESTE MUNDO. ME PERMITO SER MATERIALISTA Y ME ENCUENTRO A MÍ MISMA INSATISFECHA CON ESAS COSAS. RECUÉRDAME QUE LAS COSAS SON TAN PROFUNDAS COMO EL PROPÓSITO QUE SE LES HAYA DADO. RECUÉRDAME QUE MI PROPÓSITO SE ENCUENTRA EN TI. AMÉN.

30

El fuerte

Nunca se apartará de tu boca este libro de la ley, sino que de día y de noche meditarás en él, para que guardes y hagas conforme a todo lo que en él está escrito; porque entonces harás prosperar tu camino, y todo te saldrá bien.

JOSUÉ 1:8

¿Alguna vez has construido un fuerte hecho de cobijas? ¿Hiciste un escondite usando una combinación de almohadas y cobijas cuando eras pequeña? Es probable que la mayoría de nosotras hayamos hecho alguna fortaleza u observado a alguien creando una. Hemos visto algunas sencillas, construidas con un par de sillas, y otras más elaboradas que usan toda clase de muebles y cajas como soporte. Cualquiera que sea el estilo o la extravagancia del fuerte, hay algo que permanece igual y, al verlo, sentimos un poco de gozo. Incluso las que debemos tener nuestras casas en perfecto orden, experimentamos algo de emoción genuina cuando vemos estas tiendas hechas con nuestras cobijas. No importa el humor en el que estemos: nos inunda un asombro infantil cuando vemos una.

Este asombro no proviene de disfrutar estos fuertes (aunque siguen siendo divertidos). Este asombro viene de los recuerdos que vienen a nuestra mente. Viene de una memoria u emoción que no se ha experimentado en mucho tiempo. Todos tenemos estos momentos. Puede ser el olor de cierta comida que trae memorias de un ser amado. Puede ser una canción que nos lleva a cierto momento de nuestro pasado. Algunas veces, podría ser incluso una prenda de vestir que vemos tal y como la vestía un familiar. Reconocer este sentimiento es algo increíblemente especial. Demuestra que hay un aprecio más profundo por algo de lo que anticipábamos.

Nuestra relación con Cristo no es diferente. Como nos pasa cuando vemos un fuerte de cobijas en uso, algunas veces nos topamos con cierto pasaje bíblico y encontramos un significado más profundo de lo que recordábamos en un principio. Para todos los cristianos, la Biblia es un mensaje que está en evolución constante. Es algo que profundiza en nuestro corazón cada vez que tomamos el tiempo para estudiarlo. Piensa en tu pasaje favorito. Piensa en la primera vez que Dios te reveló algo a través de él. Piensa cómo la sabiduría del versículo o pasaje ha profundizado cada vez más en tu corazón cada vez que lo lees.

Así como el fuerte de cobijas, nuestro entendimiento de la Escritura se profundiza al ir creciendo. De niños, el fuerte de cobijas era algo simplemente divertido. Como adultos, el fuerte de cobijas es un símbolo de un tiempo más sencillo y puro. Su significado se ha profundizado con el paso de los años. En la Biblia, un versículo puede haber sido algo especial al verlo y escucharlo, pero al ir creciendo vamos entendiendo el significado histórico y teológico de nuestros pasajes favoritos, y ese es un gozo que no puede explicarse.

SEÑOR, PERMÍTEME PROFUNDIZAR EN LA
ESCRITURA CADA DÍA. GRACIAS POR PONER
PASAJES ESPECIALES PARA MI VIDA QUE TIENEN
SABIDURÍA EN CADA PALABRA. RECUÉRDAME
ESTUDIAR ESTOS PASAJES CADA VEZ MÁS, DÍA A
DÍA. DAME PROFUNDIDAD EN MI ENTENDIMIENTO
DE TU PALABRA CADA VEZ QUE LA LEA. AMÉN.

31

Aparato de sonidos

No temas, porque yo estoy contigo; no desmayes, porque yo soy tu Dios que te esfuerzo; siempre te ayudaré, siempre te sustentaré con la diestra de mi justicia.

ISAÍAS 41:10

Jenny tiene dificultad para quedarse dormida y para remediarlo usa un aparato de sonidos para dormir. Ha llegado al punto en el que, si no escucha el sonido de las olas del mar o el cantar de pájaros tropicales, le toma mucho más tiempo quedarse dormida de lo que ella quisiera. Cada noche antes de dormir, pone una alarma, se asegura de que las puertas están cerradas, revisa su agenda para el siguiente día y enciende una caja pequeña con sonidos pregrabados que permanece encendida por un par de horas hasta que se queda dormida. Cuando este aparato está encendido, le toma aproximadamente media hora poder por fin apagar su cerebro y permitir que las olas la lleven a un sueño más profundo. Sin este aparato de sonidos, ella da vueltas en su cama por algunas horas hasta que su cuerpo y mente quedan exhaustas.

Por esta razón, Jenny odia viajar. Odia viajar sin este pequeño aparato. Se ha sabido que maneja a lugares a los que pudo haber volado solo para poder llevar esta caja. Después de un año de tener este comportamiento, su esposo se cansó. Temía que su esposa no pudiera obtener el descanso adecuado, pero ella había desarrollado una adicción por este aparato. Así que, para sus vacaciones anuales, se tomó dos semanas con la esperanza de ayudarla a superar esta adicción. Fueron a una playa que se ubicaba a un par de horas de su casa. Cuando llegaron, el esposo dijo que había «olvidado» empacar su aparato de sonidos. Mortificada, Jenny decidió ir a la tienda y comprar uno nuevo, pero su esposo le rogó intentar dormir por unos días sin el aparato. Ella estuvo de acuerdo y, para su sorpresa, al permitir entrar los sonidos naturales de la playa por la ventana abierta, se dio cuenta de que su aparato de sonidos no se comparaba con la realidad. Durmió como nunca.

En la vida, muchas veces nos conformamos con sustitutos. Nos quedamos con una calidad más baja solo porque es más fácil de obtener. Algunas veces, eso es lo que podemos hacer, pero muchas veces no debemos conformarnos con algo que no es lo mejor. Esto significa trabajar para obtener las cosas de alta calidad en la vida. La comida rápida puede proveer sostenimiento, pero ¿tiene la misma calidad que una comida hecha en casa? Una llamada puede proveer conexión, pero ¿es la misma calidad que juntarse para cenar? Este devocional puede recordarte de la bondad de Dios y del gozo que recibimos al tener una relación con Él, pero ¿tiene la misma calidad que leer la Escritura y pasar tiempo con Él en oración? No te conformes con sustitutos: invierte tiempo con Dios y Su Palabra. La calidad del gozo en ser intencional con Él es algo que no tiene comparación.

SEÑOR, MUCHAS VECES ME CONFORMO CON UNA APLICACIÓN EN MI TELÉFONO O UNA ORACIÓN CORTA ANTES DE CENAR PARA CONTARLA COMO MI TIEMPO DE CALIDAD CONTIGO. RECUÉRDAME DE TU BONDAD CADA DÍA Y DEL GOZO QUE VIENE DE PASAR TIEMPO CONTIGO. RECUÉRDAME PROFUNDIZAR Y PASAR TIEMPO DE CALIDAD CONTIGO CADA DÍA. AMÉN.

32

Recarga energía

Él les dijo: Venid vosotros aparte a un lugar desierto, y descansad un poco. Porque eran muchos los que iban y venían, de manera que ni aun tenían tiempo para comer.

MARCOS 6:31

En esta nueva era tecnológica, hay un fenómeno interesante que ocurre en las personas de todas las edades. Cada uno de nosotros ha aprendido, para bien o para mal, la importancia de optimizar la batería de nuestros teléfonos. Algunos dan por sentado su teléfono y se acaban la batería antes del que se termine el día. Otros aprenden cuánto les dura la batería y ajustan su uso para asegurarse de que les dure por lo menos la mayor parte del día. No importa qué tipo de persona seas; lo que importa es el hecho de que los dos tipos de individuos reconocen la necesidad inevitable de dejar su teléfono y permitir que se cargue. Podemos encontrar una solución alterna en estas situaciones. Algunos nos sentamos a un lado del enchufe eléctrico y usamos el teléfono mientras se carga. Otros compramos una batería portátil, la cual necesita ser cargada también. No importa lo que hagas: nada reemplaza simplemente soltar el teléfono, permitir que se cargue y dejarlo un momento.

Es increíble que muchos de nosotros entendemos esto cuando se trata de nuestros aparatos electrónicos, y aun así olvidamos completamente esta realidad cuando se trata de nuestras vidas. Trabajamos horas extra. Nos esforzamos un poco más en ese proyecto que necesita ser terminado. Nos quedamos despiertos un poco más tarde para asegurarnos de que el siguiente día esté planeado. No me malinterpretes. No hay nada malo con trabajar duro. Es una de las mejores cosas que podemos hacer. No creo que exista tal cosa como sobretrabajar, pero sí existe tal cosa como descansar menos de lo adecuado. Muchos de nosotros vivimos nuestros días cuidando niños, asegurándonos de que todos tengan algo que comer y de que están donde deben estar, y el único descanso que tenemos es cuando colapsamos en nuestras camas solo para despertarnos y repetir el ciclo al siguiente día. Este no es el tipo de vida para el que fuimos creados. No fuimos hechos para simplemente sobrevivir. Fuimos hechos para prosperar.

Descansar es importante. Es vital para el gozo que encontramos en la vida. Cuando no tomamos el tiempo de recargar fuerzas, nos perdemos del gozo que puede encontrarse en la vida. Las fiestas de cumpleaños no son tan especiales cuando estás exhausto. Las reuniones familiares no son tan significantes cuando no has dormido, e incluso pasar tiempo con el Señor puede parecer tedioso si pasas ese tiempo sintiendo que estás por colapsar. Dicho de una manera sencilla, descansa, reorganízate y toma nuevas fuerzas. El gozo que experimentarás con un corazón descansado será mayor del que pudieras experimentar con un alma cansada.

SEÑOR, AYÚDAME A DESCANSAR. CONOZCO LA IMPORTANCIA DE ESTO, PERO ADMITO QUE NO LO HE HECHO MI PRIORIDAD. PERMÍTEME HACER TIEMPO PARA DESCANSAR. AYÚDAME A HACERLES SABER A OTROS CUANDO ESE DESCANSO ES NECESARIO. AMÉN.

33

La estación de autobús

**Luego nosotros los que vivimos, los que hayamos
quedado, seremos arrebatados juntamente con
ellos en las nubes para recibir al Señor en el
aire, y así estaremos siempre con el Señor.**

1 TESALONICENSES 4:17

¿Alguna vez te has subido a un autobús? No estoy hablando de un autobús para un paseo o del autobús escolar. Estoy hablando de comprar un boleto, esperar en la estación de autobuses y subirte al autobús rumbo a un destino planeado. Hay millones de personas que viajan en autobús cada año. Puede ser que escojan viajar en autobús para ahorrar dinero porque no pueden comprar un boleto de avión o simplemente porque prefieren viajar por tierra. Evidentemente hay todo tipo de personas en estas estaciones. Muchas veces, las personas no se hablan al esperar en la estación o en el autobús. Cada quien simplemente agacha su cabeza hasta llegar a su destino. Aun así, incluso con la poca conversación o sensación de comunidad, hay destellos de decencia humana y compañerismo entre los viajeros.

Puedes ver a desconocidos apoyándose unos sobre otros para descansar. Pero nada reemplaza el sentimiento de sonrisas compartidas al ver a alguien llegar a su destino. Estos viajeros pueden ver el país entero desde la ventana de un autobús. Se bajan de uno y se suben al siguiente. Se fomentan amistades que nunca se vuelven a ver después de su llegada, pero aun así, como amigos, cuando un viajero ve que reciben a otro en la estación, hay un gozo que viene de observar las bienvenidas dadas a las personas que recogen al viajero.

Para algunos, es un recuerdo de lo que viene. Hay algo especial acerca de llegar a casa. Las circunstancias del regreso de la persona no parecen importar. Siempre hay gozo al regresar a lo familiar, regresar a un sentido de seguridad y protección. La familia es el recuerdo de la seguridad que muchas veces damos por sentado.

Las reuniones traen un gozo como ninguno otro. Las reuniones existen para recordarnos que, aun cuando muchos de nosotros pasamos tiempo lejos, el amor entre la familia y los amigos es algo que va más allá de la distancia y del tiempo. El amor de Dios para nosotros es igual. Muchos de nosotros pensamos en la vida que vivimos en esta tierra y, aun así, no cuestionamos el amor que Dios tiene por nosotros. Aunque nuestra reunión con Él tiene algo de misterio, sabemos que está cerca. Sabemos que habrá un gozo indescriptible cuando estemos cara a cara con nuestro Padre amado. Se nota algo cuando recogen a una persona en una estación de autobús. Nunca miran atrás. Ellos aceptan con gozo que se terminó el viaje y que valió la pena el trayecto para llegar a su destino.

SEÑOR, GRACIAS POR DARME UN VISTAZO DEL GOZO QUE EXPERIMENTARÉ CUANDO LLEGUE A MI HOGAR CONTIGO. GRACIAS POR EL GOZO QUE VIENE DE SER REUNIDOS CON PERSONAS QUE AMAMOS Y RECUÉRDAME APRECIAR EL AMOR QUE SE SIENTE CUANDO HAY UNA REUNIÓN. AMÉN.

34

Limpia tu escritorio

Tus ojos miren lo recto, y diríjanse tus párpados hacia lo que tienes delante.

PROVERBIOS 4:25

Al leer el título de este capítulo, es posible que te cuestiones por qué razón se encuentra esta historia en un libro sobre el gozo. Algunos de nosotros hemos vivido este título de una forma u otra, y nunca ha sido una experiencia gozosa. Esto, sin embargo, no significa que el gozo sea imposible de tener. Para una joven mujer, limpiar su escritorio no era algo que la emocionara. Ella había desarrollado amistades en este escritorio. Había obtenido nuevas habilidades en este escritorio, e incluso tenía una vista perfecta de la ciudad, que el resto de la oficina envidiaba, y aun así ella dejaría este escritorio. Dejaría estas experiencias que la habían formado profesional y personalmente. ¿Cómo podía esperarse que ella tuviera gozo? ¿Como podía esperarse que siquiera sonriera en tal situación? La respuesta es clara. Ella escogió tener gozo. Escogió ver lo que estaba del otro lado de su situación actual.

Para esta joven mujer, limpiar su escritorio no era el resultado de un despido. Era el resultado de una nueva oportunidad. Se le había dado la oportunidad de superarse en una nueva empresa con mejores horarios y más sueldo. Realmente era una oportunidad gozosa para ella. Su propio jefe le dijo que no sería sabio dejar pasar una oportunidad como esta. Así que, aunque ella dejaría un lugar en el cual había encontrado amor y comodidad, estaba por experimentar una oportunidad que tendría más gozo del otro lado.

Muchos de nosotros tenemos miedo de dar pasos que puedan cambiar nuestra situación actual, la cual conocemos y en la cual estamos cómodos. Hemos echado raíces, así que la idea de movernos a un lugar nuevo parece extraña o incluso mala. Algunas veces confundimos la felicidad con el gozo. Créeme: hay una diferencia. El gozo significa que hay un bien mayor del otro lado de cualquier dolor temporal que podamos experimentar.

Cada uno de nosotros, de vez en cuando, nos encontramos con momentos para «limpiar nuestro escritorio». Somos colocados en situaciones donde tenemos que escoger entre lo que es cómodo y lo que pudiera ser más grande y gozoso de lo que podríamos imaginarnos. Así que, no tengas miedo de «limpiar tu escritorio». No permitas que los placeres y las comodidades actuales te impidan seguir adelante. Esto puede significar que hay un potencial para sufrir frustración a corto plazo, pero sabes que normalmente hay gozo que viene de esa situación. Hay gozo esperando en el otro lado del sufrimiento por las razones correctas.

¿Cuántas veces has permitido que las comodidades de tu situación actual te impidan seguir adelante? ¿Hay oportunidades a tu alrededor en este momento que te impidan tomar ventaja de nuevas oportunidades?

SEÑOR, PERMÍTEME DARME CUENTA DE LOS MOMENTOS EN LOS QUE TÚ ME LLAMAS A SEGUIR ADELANTE. RECUÉRDAME EL GOZO QUE SE ENCUENTRA EN EL OTRO LADO DE ESCOGER SEGUIRTE A TI CADA DÍA. AMÉN.

¿Felicidad o gozo?

Estas cosas os he hablado, para que mi gozo esté en vosotros, y vuestro gozo sea cumplido.

JUAN 15:11

Es increíble cuando nos topamos con dos palabras que pueden tener muchas similitudes, pero la diferencia es vital para entender sus significados. El hambre es algo que todos hemos sentido, pero oramos nunca pasar hambruna. Muchos de nosotros hemos sido sorprendidos, pero pocos verdaderamente podemos decir que hemos sido maravillados. Un problema con el que nos encontramos en el idioma español es algo que yo llamo una «hipérbole natural». Dicho de una manera sencilla, es cuando usamos las palabras con cierta magnitud en definición que no es igual a la circunstancia que estamos describiendo. Después de todo, ¿cuántas veces hemos dicho que nos estamos «muriendo de hambre» cuando en realidad han pasado solamente unas horas desde que comimos? ¿Cuántas veces has escuchado a alguien describir una hazaña maravillosa que tú has visto mil veces suceder? Todos somos culpables de eso. Felicidad y gozo, sin embargo, son un poco diferentes.

La diferencia entre las dos esencialmente apunta a la noción de la profundidad. La felicidad usualmente es temporal. Por ejemplo, piensa en ese cono de helado que compras en días especiales. Para algunos de nosotros, esa pequeña porción de dulzura el fin de semana es una de las cosas que anhelamos después de una larga semana de trabajo, pero ¿considerarías como *gozo* el comer helado? Probablemente todos admitamos que es algo que nos hace felices, pero atribuir gozo a algo tan insignificante es un perjuicio para el mundo. Esto no significa que la felicidad sea mala. Hay muchas cosas que nos hacen felices, las cuales son, en realidad, bastante buenas, pero piensa en ello por un momento. La mayoría de las cosas que traen felicidad son superficiales y tienen un período de caducidad. El gozo, sin embargo, implica un sentido de profundidad y ofrece algo más duradero.

Gozo es una palabra reservada para las cosas en el mundo que son más que solo temporales. El gozo viene de una intimidad con Dios. Viene de una relación profunda con Él. El día de bodas usualmente está lleno de gozo porque entendemos que implica una vida que será construida entre dos personas. Aceptar a Jesús trae gozo porque entendemos las implicaciones eternas de tal decisión. Cuando usamos la palabra *gozo*, estamos hablando de algo mucho más profundo que la felicidad.

Entonces, cuando hablamos del concepto de la felicidad, no pienses que es algo malo. De hecho, acepta los momentos felices. Disfrútalos, pero no les des inmediatamente el atributo de gozo. Después de todo, el helado se derretirá. El trabajo nuevo viene con responsabilidades frustrantes y el día soleado solamente durará hasta que lleguen las nubes. La felicidad dura un momento, pero el gozo está en el ámbito de lo eterno.

SEÑOR, GRACIAS POR LOS MOMENTOS
FELICES EN MI VIDA. GRACIAS POR TODOS
LOS BUENOS MOMENTOS, INCLUSO CUANDO
SON TEMPORALES. PERMÍTEME ENTENDER LA
PROFUNDIDAD DEL GOZO. PERMÍTEME ENCONTRAR
ESA REALIDAD EN TI CADA DÍA. AMÉN.

36

Estar presente

**No os conforméis a este siglo, sino transformaos
por medio de la renovación de vuestro
entendimiento, para que comprobéis cuál sea la
buena voluntad de Dios, agradable y perfecta.**

ROMANOS 12:2

Se ha vuelto un tema de discusión en la casa de Samuel el hecho de que nunca suelta su teléfono. Él tiene dos trabajos y hace algunos trabajos por contrato para poder ganar suficiente dinero para ahorrar para las universidades de sus hijos. Con tres pequeños corriendo por toda la casa, tiene la meta de ahorrar por lo menos $25 000 dólares para cada hijo antes de que se gradúen de la preparatoria. Al ritmo que lleva, va por buen camino para tener ese regalo listo antes de que lleguen a la secundaria.

Nadie cuestiona la ética de trabajo de Samuel. Es alguien que definitivamente trabaja largas horas y la calidad de su trabajo lo recompensa con un cheque generoso. Mientras que el trabajador promedio trabaja entre 35 y 40 horas a la semana, Samuel trabaja de 60 a 70. Cada noche, sin embargo, después de la cena, se sienta en su silla favorita y juega un par de juegos en su teléfono. Al ir alcanzando niveles cada vez más difíciles, sus ojos se pierden en los juegos que descarga en su celular.

Sus hijos se le acercan y le ruegan que juegue con ellos. Estiran su camisa o simplemente se sientan en su regazo y lo observan jugar para poder pasar un poco de tiempo con su padre. La esposa de Samuel permitió esta conducta en un inicio porque sus días laborales eran muy largos y él necesitaba tiempo para relajarse. Pero poco a poco se convirtió en un problema. Pasó de suceder algunas veces a la semana a convertirse en una rutina.

Finalmente, la esposa de Samuel comenzó a introducir la idea de «estar presente». Samuel solamente jugaría en su teléfono una vez a la semana. El resto del tiempo sería dedicado a pasar tiempo con la familia. A Samuel no le gustaba mucho la idea en un inicio. Sentía que le estaban quitando un privilegio que él se había ganado. Él y su esposa discutieron sobre el tema por algunos días, hasta que finalmente, una mañana durante el desayuno, su hija se le acercó y se sentó en sus piernas. Él comenzó a jugar con ella y le dijo lo mucho que le gustaban sus listones para el cabello nuevos. Su respuesta fue dulce pero aleccionadora: «Papi, he usado estos listones por semanas». Samuel se dio cuenta de que «estar presente» no era solamente una sugerencia para cambiar su comportamiento: era una necesidad.

En este mundo de ritmo de vida tan rápido, usualmente permitimos que las cosas pequeñas pasen sin darnos cuenta hasta que es demasiado tarde. Dios nos da estos pequeños momentos para recordarnos del gozo que Él nos ha dado, pero muchas veces estamos tan distraídos en nuestro propio mundo que ni siquiera pensamos en las personas que amamos a nuestro alrededor. Debes estar presente. Te sorprenderá el gozo que encontrarás en las cosas pequeñas.

SEÑOR, RECUÉRDAME ESTAR PRESENTE. DAME LA VISTA PARA VER LAS COSAS PEQUEÑAS QUE SUCEDEN A MI ALREDEDOR Y PUEDA VER A LOS QUE ME NECESITAN. EN TU NOMBRE ORO. AMÉN.

La disciplina trae gozo

**Es verdad que ninguna disciplina al presente
parece ser causa de gozo, sino de tristeza;
pero después da fruto apacible de justicia
a los que en ella han sido ejercitados.**

HEBREOS 12:11

Seamos honestos por un segundo. Cuando escuchamos la palabra *disciplina*, automáticamente pensamos en una connotación negativa. Aunque seamos conscientes de los beneficios que trae vivir una vida de disciplina, hay algo sobre esa palabra que nos hace identificar automáticamente sus tendencias negativas. Deberíamos asociar la disciplina con perfeccionar o refinar nuestros talentos o habilidades, pero, en lugar de eso, usualmente vemos la palabra e identificamos una definición que se parece a castigo.

Ese no debe ser así. La disciplina debe tratarse con una actitud de gozo, no de desaliento. Piensa en todas las cosas que requieren disciplina: una carrera profesional, la salud, criar una familia. Todos los aspectos de la vida requieren cierto grado de disciplina, y espero que todos estemos de acuerdo en que estos merecen que seamos disciplinados.

Cuando pensamos en nuestras carreras profesionales, no quisiéramos volver al primer puesto que obtuvimos, pero la mayoría estamos agradecidos por todo lo que aprendimos en ese puesto.

Nuestra salud es algo increíblemente difícil de mantener. Correr en las mañanas y abstenernos de comer azúcar son cosas que algunos admitiríamos odiar, pero vale la pena la disciplina que requiere cuando vemos la recompensa de tener un cuerpo fuerte.

¿Y hay una etapa más difícil que la de criar niños? Todas esas noches de desvelos orando y preocupándonos por su futuro, todas esas conversaciones difíciles sobre el por qué se debe vivir una vida de integridad e incluso esos pequeños momentos de levantarlos cuando caen son momentos que parecen difíciles, pero valen la pena cuando los ves crecer y convertirse en personas buenas.

Evidentemente, la disciplina es importante. Es algo que nos hace mejores personas. Es la poseedora del gozo que perdura y aleja las nociones del placer temporal. La disciplina será difícil algunas veces, pero la recompensa siempre estará llena de gozo.

SEÑOR, RECUÉRDAME QUE, AUN CUANDO MI CAMINO SEA DIFÍCIL, APRENDERÉ A APRECIARLO POR SU DESTINO. AYÚDAME A SER DISCIPLINADA Y RECUÉRDAME ENCONTRAR GOZO EN LAS ETAPAS DIFÍCILES DE LA DISCIPLINA. AMÉN.

38

La sala de espera

**Pacientemente esperé a Jehová, y se
inclinó a mí, y oyó mi clamor.**

SALMOS 40:1

Una de las cosas más difíciles para el ser humano es esperar. En un
mundo donde todo se obtiene de manera casi inmediata, esperar es
una acción que no tiene mucho sentido para nosotros… Y ¿por qué debería
tenerlo? Podemos comprar comida a domicilio de casi cualquier restaurante
en cuestión de minutos. Podemos comprar en línea y recibir nuestros pedidos
en dos días. Seamos honestos: nuestro mundo no fomenta la virtud de la
paciencia.

Así que cuando pensamos en salas de espera, típicamente chocan con
todo a lo que estamos acostumbrados. La paciencia no es exactamente un
atributo que queremos tener ni es una virtud que ha sido promovida en nuestra era post-Amazon. Entendemos su valor, pero eso no significa que queremos lidiar con situaciones que requieran paciencia.

No hay nada que típicamente requiera más paciencia que sentarse en
una sala de espera, aguardando noticias positivas a cambio de la paciencia
que requiere estar ahí. Hay algo interesante sobre las salas de espera. Su ubica-
ción dentro del hospital comunica el propósito de la espera. Si están cerca de
la sala de emergencias, entonces se puede sentir en el ambiente la esperanza

de que todo saldrá bien con los seres queridos. Hay salas de espera que son muy tristes y comunican la esperanza de tener paz, al saber que el dolor de un ser querido ha cesado. Pero en cada hospital hay una sala en la que hay esperanza de gozo.

Familiares y amigos se reúnen en las salas de espera cada día para celebrar el nacimiento de un niño. Las personas se sientan en sillas incómodas por horas mientras esperan esa nueva incorporación a la familia. Algo que todos los que esperan tienen en común es que no parecen quejarse de la espera. No mencionan que la espera ha sido demasiado larga o que las comodidades no fueron suficientes. Es casi como si vieran el propósito de ese tiempo de paciencia.

Muchos de nosotros vivimos con una actitud de inconveniencia cuando no obtenemos ciertas cosas cuando las queremos o de la forma que las queremos, pero nunca pensamos en el objeto de nuestra espera. Siempre tendemos a enfocarnos en la frustración de la espera en sí. Habrá momentos que inevitablemente requerirán de nuestra paciencia. En lugar de enfocarnos en la espera en sí misma, tal vez debamos darnos cuenta de que las cosas por las que estamos esperando son cosas que tienen un propósito detrás de ese tiempo de paciencia.

SEÑOR, PERMÍTEME PODER DEMOSTRAR MÁS
PACIENCIA EN MI VIDA. RECUÉRDAME QUE
HAY PROPÓSITO EN LA PACIENCIA. PERMÍTEME
PODER ENFOCARME EN LAS COSAS QUE
ESTOY ESPERANDO Y ENTENDER EL GOZO
QUE VIENE DE ESA PACIENCIA. AMÉN.

39

Competencias de tractores

**Que estamos atribulados en todo, mas no
angustiados; en apuros, mas no desesperados;
perseguidos, mas no desamparados;
derribados, pero no destruidos.**

2 CORINTIOS 4:8-9

En el sur hay un evento mágico llamado tracción de tractores. Si no sabes de qué se trata, el secreto está en el nombre. Hay un tractor que, bueno, tracciona, tira. Las familias de todo el pueblo construyen un motor grande y lo meten en un tractor pequeño, o incluso en cortadoras de césped, que luego tiran grandes cantidades de material a lo largo de un campo de tierra.

Hay personas que vienen de muy lejos para observar a estos vehículos tirar cantidades pesadas de material. Puede parecer algo decepcionante en la descripción; pero, entre el rugido de las máquinas y las aclamaciones del público, es algo que frecuentemente incluyen en los festivales de los pueblos. Puedes ver gozo en los rostros de los niños al observar estos vehículos pequeños arrastrando pesos que suelen tener tres veces su tamaño y diez veces su peso.

Estos eventos atraen un público anual para el cual el pueblo se tiene que preparar, aunque parezca que no es un evento muy entretenido. Entonces, ¿por qué este evento atrae a tal cantidad de espectadores? ¿Qué hace que estos eventos generen tanto gozo? Los que han asistido cada año encuentran gozo en las mejoras que los participantes han hecho en estos pequeños tractores. Al final de cada año, los mecánicos vuelven a sus garajes o granjas y mejoran el trabajo que han hecho con sus motores. Algunas veces, esto puede significar añadir partes al motor que aumentarán su desempeño. Otras veces esto puede significar volver a construir todo el motor para obtener un resultado diferente. Cualquiera que sea el caso, suele volverse un proyecto familiar que dura todo el año. Cuando vuelven al año siguiente, estas familias reciben aplausos por todo el trabajo que invirtieron en el motor.

Hay algo especial que podemos aprender de estos tractores. Hay cosas en nuestra vida que requieren mucho trabajo. Eso no significa que no valgan la pena. Muy a menudo, parecemos obtener gozo de la cantidad de trabajo que invertimos en algo. Cuando las horas extras en nuestro trabajo hacen que nos promuevan, encontramos gozo en el trabajo. Cuando subimos a la plataforma a recibir un diploma después de años de trabajo, encontramos gozo al haber crecido en conocimiento. Es simple. No importa qué tan difícil sea el camino: usualmente encontramos gozo al tomar ese camino y llegar hasta su destino. Incluso en los momentos en los que las cosas no salen de acuerdo al plan, podemos continuar trabajando para lograr algo, sabiendo que obtendremos gozo en ese trabajo. Cuando vengan las etapas difíciles, no te desanimes. En lugar de eso, ten presente el gozo que vendrá del trabajo que has hecho.

SEÑOR, GRACIAS POR EL TRABAJO. PERMITE QUE SEA ALGO QUE YO CONSIDERE CON GOZO. RECUÉRDAME VER EL TRABAJO FRENTE A MÍ CON GOZO. PERMÍTEME ENTENDER QUE LOS GRANDES GOZOS USUALMENTE REQUIEREN MUCHO TRABAJO. AMÉN.

40

El «caro» lindo

**Hermanos míos, tened por sumo gozo
cuando os halléis en diversas pruebas.**

SANTIAGO 1:2

Annie es una chica introvertida. Ella disfruta de una tarde tranquila en su casa con una taza de café y un buen libro. Cuando su amiga la invitó a pasar la tarde del sábado rodeada de personas desconocidas, la idea no le agradó mucho, pero al mencionarle que irían de pesca (su actividad al aire libre favorita) aceptó ir. Cuando iban de camino al lago, Annie vio un carro rojo muy lindo y lo señaló. Cuando se lo hizo notar a las personas que viajaban con ella en el auto, recibió miradas confundidas y sonrisas disimuladas.

«¿Puedes repetir eso?», preguntó una de las chicas.

«Un caro...», ella respondió.

El problema no era la elección de la palabra, sino su pronunciación. Annie tenía problemas para pronunciar sus «rr» desde pequeña y, aunque había mejorado mucho, de vez en cuando se le salía una pronunciación incorrecta.

Las chicas comenzaron a reírse. Annie usualmente se frustraba cuando las personas se reían, pero al final se unió a sus risas. Cuando dejaron de reírse, una de las chicas le preguntó por qué se reía. Después de todo, la mayoría de nosotros odiamos que las personas se rían de nosotros, pero su respuesta le aportó algo de sabiduría al sentimiento de ser el objeto de las risas. Ella contestó: «Prefiero ser la causa de risas que la razón de las burlas». Annie tomó una decisión. Decidió dejar de lado la frustración de pronunciar una palabra de manera incorrecta y enfocarse en las risas que vienen cuando ella pronuncia algo diferente.

Muchos de nosotros permitimos que nuestras peculiaridades tengan un lugar de poder sobre nuestras vidas. Estas situaciones pueden hacer que nos enfoquemos en lo negativo, pero muchas veces se nos ofrece la oportunidad de escoger lo positivo. Annie podría haberse ofendido por la reacción de sus compañeras, pero, en lugar de eso, escogió reírse con los demás cuando algo así sucedía.

Muchos de nosotros permitimos que este tipo de situaciones nos molesten. Permitimos que nos frustren al punto de quitarnos el gozo, pero la realidad es que podemos escoger el gozo en los momentos en los que podríamos frustrarnos con facilidad.

SEÑOR, ADMITO QUE HAY MOMENTOS EN LOS QUE PERMITO QUE MIS PECULIARIDADES ME FRUSTREN EN LUGAR DE VERLAS COMO OPORTUNIDADES PARA EL GOZO. RECUÉRDAME CADA DÍA VER MÁS ALLÁ DE MIS FRUSTRACIONES Y ANHELAR ESPARCIR GOZO EN LA FORMA EN LA QUE TÚ ME CREASTE. AMÉN.

41

Sin receso

**Panal de miel son los dichos suaves; suavidad
al alma y medicina para los huesos.**

PROVERBIOS 16:24

El cuarto grado es un año difícil para muchos niños. No están tan grandes como para preocuparse por las dificultades de la secundaria, pero, al mismo tiempo, se espera que actúen con cierto nivel de madurez. La señorita Martínez era la encargada de reforzar esa madurez. Su responsabilidad era enseñar español, estudios sociales y ortografía, pero algo que parecía haber tomado una mayor importancia a través de los años era ayudar a los niños a pasar de ser estudiantes de cuarto grado nerviosos a ser estudiantes de secundaria preparados. Para ella, el cuarto grado era un año para aclarar cualquier malentendido académico antes de pasar a la secundaria. El cuarto grado era el año en el que se desarrollaba esa madurez.

Debido a su filosofía educacional, se la conocía como demasiado estricta entre los estudiantes y los padres de familia. El director a menudo recibía llamadas sobre la disciplina rígida que la señorita Martínez ejercía en su salón, pero ¿por qué intentaría corregir algo que obviamente estaba funcionando?

La señorita Martínez era una figura temida y nunca dudaba en aplicar la ley cuando se trataba de disciplina. Parecía que su castigo favorito era cancelar el receso. No importaba si no habías hecho tu tarea o si olvidaste decir «señorita». Sin importar si la ofensa era mayor o menor, quitar el receso era siempre la sentencia aplicada por el crimen cometido. Esto fue así hasta que la pequeña Sandy Lara llegó a su clase.

Sandy seguía todas las reglas, siempre llevaba su tarea y era amable con sus compañeros, pero había algo sobre su enérgica manera de ser que molestaba a la maestra. Cuando la pequeña Sandy finalmente cometió el error de olvidar decir: «Sí, señorita», la señorita Martínez tomó esta oportunidad y le canceló su receso. Sin embargo, algo inesperado sucedió durante el receso.

Estando sentada en el pasto, desbaratando pequeñas hojas del césped, Sandy miró a la señorita Martínez y le dijo: «Usted es una buena maestra». Sin conmoverse por esta afirmación, la señorita Martínez respondió: «Todavía sigues castigada». La pequeña niña sonrió y dijo: «Lo sé. Solo pensé que alguien debía decirle algo lindo hoy».

Sus palabras sacudieron por un momento a la señorita Martínez. Pudo sentir una pequeña sonrisa dibujándose en su rostro. Nunca nadie se había tomado el tiempo de darle un cumplido. Nadie había pensado decirle que era una buena maestra, especialmente uno de sus estudiantes. Aun así, las palabras amables de Sandy la impactaron y, hasta este día, la pequeña Sandy sonríe y saluda a la señorita Martínez al correr, saltar y reír en el patio de la escuela, y la señorita Martínez la saluda de vuelta. Es increíble la cantidad de gozo que viene al recibir una palabra amable.

PADRE, GRACIAS POR LOS QUE SIEMPRE NOS DAN PALABRAS DE ALIENTO. RECUÉRDAME MOSTRAR AMABILIDAD A TRAVÉS DE LAS PALABRAS QUE USO, Y AYÚDAME A ACEPTAR EL GOZO QUE VIENE DE LAS MUESTRAS DE AMABILIDAD QUE RECIBO. AMÉN.

42

Cristo me ama, bien lo sé

Pero temo que como la serpiente con su astucia engañó a Eva, vuestros sentidos sean de alguna manera extraviados de la sincera fidelidad a Cristo.

2 CORINTIOS 11:3

Muchos conocemos el canto «Cristo me ama». La mayoría de nosotros ha crecido cantando esta canción en la iglesia o se la ha cantado a sus hijos, y probablemente todos la hemos escuchado. Aunque sea obvio señalarlo, se siente gozo cada vez que se canta esta canción. Para Caleb, esto no era diferente.

Era el segundo año que Caleb lideraba la alabanza en el campamento. Todo el personal tenía un trabajo secundario junto con su responsabilidad de establecer conexiones con los adolescentes. Algunos se encargaban de trabajar en la cocina. Otros tenían la responsabilidad de guiar el estudio bíblico. Caleb, por otro lado, era el responsable de liderar los servicios de alabanza cada noche. Siendo un músico talentoso, estaba familiarizado con todas las canciones de alabanza en las estaciones de radio cristianas y tenía la habilidad de adaptar himnos para que tengan un sonido más contemporáneo. Una noche, sin embargo, Caleb sintió que debía interpretar un canto viejo a los oídos, pero nuevo para este evento. Los guio y decidió entonar este canto familiar que los adolescentes en el auditorio habían aprendido cuando eran pequeños.

Para ser sincera, la mayoría de nosotros hubiera pensado que esta no era una decisión sabia. ¿Por qué que querría un grupo de adolescentes cantar tal canción? Ese canto, después de todo, es para niños, pero esa no fue la actitud que se reflejó. En lugar de burlarse o ignorar el canto, los adolescentes lo recibieron con gusto. Elevaron sus voces y cantaron junto con Caleb.

Al cantar la última línea, observó una audiencia conmovida. Había silencio. Muchos adolescentes limpiaban sus lágrimas, admitiendo la incomodidad que sentían por tener una respuesta tan emocional a un canto para niños. Para eliminar esta incomodidad, Caleb les dijo las siguientes palabras con una voz quebrantada: «Nunca somos demasiado grandes para las verdades sencillas».

En un mundo donde queremos convertir los mensajes cristianos en mensajes académicos y teológicos, pareciera que es malo volver a los mensajes sencillos, pero ese no es el caso. Al hablar de teología y filosofías que vienen del estudio intencional profundo de la Escritura, muchos de nosotros pasamos por alto el mensaje más poderoso que hemos conocido: Jesús nos ama.

Hay un gozo especial que viene de la sencillez. Sí, el mensaje puede ser uno que todos conocemos, pero eso no cambia el hecho de que nunca estaremos demasiado grandes para escucharlo. Después de todo, no importa nuestra edad, no importa qué tan educados y capacitados estemos: nunca perderemos el título de «hijo de Dios».

PADRE, SÉ QUE ALGUNAS VECES MI ENFOQUE
ESTÁ SOLAMENTE EN EL CRECIMIENTO DE MI
CONOCIMIENTO Y MI MADUREZ COMO CRISTIANO.
RECUÉRDAME SIEMPRE QUE NO IMPORTA QUÉ
EDAD TENGA, SEGUIRÉ SIENDO TU HIJA. AMÉN.

43

Autodefinición

**De modo que si alguno está en Cristo,
nueva criatura es; las cosas viejas pasaron;
he aquí todas son hechas nuevas.**

2 CORINTIOS 5:17

Si yo te preguntara quién eres, ¿cuál sería tu respuesta? ¿Responderías con tu profesión? ¿Tu estado civil? ¿Lo que te apasiona? Muchas de nosotras podemos primeramente decir nuestro nombre y después desviarnos a lo que hacemos activamente cada día. Nos definimos por nuestra identidad diaria. Por ejemplo, muchas de nosotras pensamos en nuestro título como esposa. Después de todo, cada día vemos con quién estamos casadas. Otras se identifican por su profesión. Esto tiene sentido si trabajamos todos los días, pero ¿es esta la manera en la que debemos identificarnos? ¿Hay una definición más profunda de nuestra identidad?

La respuesta obvia que probablemente estás pensando es «cristiana». Después de todo, si estás leyendo esto, se puede suponer que probablemente seas cristiana y, aun así, si somos completamente sinceras con nosotras mismas, ¿nos identificaríamos primero como cristianas o esa descripción quedaría en sexto o séptimo lugar en nuestra lista de identidades y títulos?

La realidad es que algunas veces nos definimos por las cosas que hacemos diariamente. Así que, como voy al trabajo todos los días, puedo definirme por mi título laboral. Porque hablo con mi esposo todos los días, sería fácil definirme según mi relación sentimental, pero ¿no es Dios más importante? ¿No es Dios el que tiene el gozo verdadero? Entonces, ¿por qué nuestra relación con Él queda en el último lugar de nuestra lista?

Bueno, la dura realidad es que tal vez no estamos pasando el tiempo con Él que pasamos con nuestros esposos, trabajos o en actividades que nos apasionan. Dios puede ser un pensamiento fugaz en nuestro día o, peor aún, puede que lo notemos solamente al estar en la iglesia.

Este no es un regaño por no pasar suficiente tiempo con Dios. Es un recordatorio del gozo que hay allá afuera. Puedes amar tu trabajo y puedes tener un matrimonio sólido, pero esas son solamente fracciones del gozo que se experimenta al tener una relación con Dios activa y viva.

Así que, inténtalo. Lee tu Biblia. Ora a Dios y descubre un gozo inexplicable. Descubre el tipo de amor y emoción que solamente puede venir de tener una relación más profunda con Él.

SEÑOR, QUIERO SER DEFINIDA POR EL AMOR QUE TÚ
ME DEMUESTRAS CADA DÍA. PON EN MÍ UN CORAZÓN
QUE DESEE ESTAR MÁS CERCA DE TI. RECUÉRDAME
LEER TU PALABRA CADA DÍA Y APARTAR UN TIEMPO
ESPECIAL PARA TI DURANTE LA SEMANA. AMÉN.

44

Caminatas nocturnas

**Lámpara es a mis pies tu palabra,
y lumbrera a mi camino.**

SALMOS 119:105

¿Alguna vez has realizado una caminata nocturna? Es una experiencia increíble si tienes la oportunidad de hacerla. No debería ser necesario mencionar esto, pero nunca vayas de excursión sola, especialmente en la noche. Se ha vuelto un evento popular entre los amantes de la vida al aire libre. Cuando sales a caminar en la noche, se añade un toque de misterio. Incluso los senderos conocidos pueden parecer mundos nuevos alumbrados por la luz de la luna y las estrellas en lugar del sol.

Normalmente toma más tiempo realizar este tipo de caminatas por la falta de luz. Incluso si un senderista ha recorrido ese sendero muchas veces, debe ser más cauteloso por la falta de luz. Para combatir esto, los senderistas usan lámparas y linternas para iluminar el camino frente a ellos. Esto no quiere decir que pueden ver tan lejos como cuando es de día, pero les ayuda a ver al menos unos cuantos metros frente a ellos. El hecho de no poder ver el camino entero frente a ti es algo que nos hace sentir incómodos y, aun así, cada vez más personas salen a estas caminatas nocturnas.

Si lo pensamos, nuestras vidas diarias no son tan diferentes. Muchos de nosotros estamos en un camino en el cual avanzamos paso a paso, sin saber qué hay al final o siquiera qué hay en el camino en cierto sentido y, caminamos por él. De cierta forma, todos estamos en una caminata nocturna. Muchos permitimos que lo desconocido tenga un poder debilitante sobre nosotros. Aun cuando debemos andar por fe y no por vista, esto no cambia la realidad de que constantemente volteamos al cielo y le pedimos a Dios que «nos dé una señal» o que «nos muestre el camino».

Así no obra Dios. Se nos ha prometido ver unos cuantos metros frente a nosotros y confiarle el resto a Él. Servimos a un Dios que nos sostiene. Adoramos a un Dios que nos ama tanto que, aunque no podamos ver la idea completa frente a nosotros, podemos confiar en que todo es parte de Su plan para nuestras vidas. Este es el tipo de amor que Dios tiene para cada uno de nosotros. ¿Cómo no encontrar gozo en eso?

GRACIAS, SEÑOR. SÉ QUE HAY MOMENTOS EN LOS QUE NO CONFÍO EN EL CAMINO QUE HAS PUESTO DELANTE DE MÍ, PERO GRACIAS POR DARME UN CAMINO POR EL CUAL ANDAR. PERMÍTEME CONFIAR EN TI Y RECONOCER EL GOZO QUE VIENE DE PONER MI CONFIANZA EN TI. AMÉN.

45

El globo blanco

**Por tanto, id, y haced discípulos a todas
las naciones, bautizándolos en el nombre
del Padre, y del Hijo, y del Espíritu Santo;
enseñándoles que guarden todas las cosas que
os he mandado; y he aquí yo estoy con vosotros
todos los días, hasta el fin del mundo. Amén.**

MATEO 28:19–20

En el cuarto de estudio del abuelo de Mateo, hay un globo terráqueo blanco. Usualmente estos globos son multicolores, lo cual nos ayuda a encontrar los diversos países que hay en el mundo. Es bastante raro encontrar un globo que no tenga colores en cierta medida. El abuelo de Mateo se había dado a la tarea en su jubilación de hacer globos personalizados para aquellos que los querían. Él podía fabricarlos casi de cualquier material y color que deseara el comprador. Sus globos eran caros, pero muchas personas le enviaban correos electrónicos con especificaciones, sabiendo que sería un objeto costoso.

Mateo caminó por el taller de su abuelo, observando los globos hermosos con detalles increíbles. Su creación favorita, hasta ese punto, era un sistema solar que había construido por miles de dólares. Su abuelo incluso había llegado a crear mundos ficticios para lectores de novelas de fantasía. Así que, parecía algo muy sencillo encontrar un globo blanco descansando en una silla, y su abuelo no dejaba de expresar lo emocionado que estaba de trabajar en este proyecto en específico.

Definitivamente era grande. Era uno de los más grandes que había hecho su abuelo, pero parecía tan básico. La única pintura que había agregado el abuelo eran las líneas de los bordes de diferentes países. Para Mateo era sencillamente una esfera blanca gigantesca. Finalmente le preguntó a su abuelo por qué estaba tan emocionado por este proyecto.

En respuesta a la pregunta de su nieto, el abuelo destapó la base que sostendría al globo. Tenía grabadas las palabras: «Mateo 28:19-20». Su abuelo explicó que una iglesia había comprado el globo con especificaciones de dejar los países en blanco para poder irlos pintando a lo largo de los años.

Al ver la confusión de Mateo, el abuelo le explicó que el propósito del globo era recordar a la iglesia sobre su llamado a «ir». Con cada misionero que enviaran o apoyaran, ellos pintarían el país en el que estuvieran compartiendo el evangelio de algún color. El abuelo de Mateo solamente les cobró los materiales; seguía siendo un trabajo caro, pero él sentía gozo como cristiano al participar en ese proyecto.

Muchos de nosotros olvidamos que el gozo de conocer quién es Dios viene con la comisión de compartir el evangelio a todas las naciones del mundo. ¿Es un encargo tan difícil? Cuando escuchas noticias buenas, ¿no es tu instinto compartirlas automáticamente? Puede ser una comisión, pero definitivamente es una gozosa.

SEÑOR, ESTOY FELIZ DE CONOCERTE. ESTOY FELIZ DE CONOCER LAS BUENAS NOTICIAS DE QUE ENVIASTE A TU HIJO A MORIR EN LA CRUZ POR MÍ. RECUÉRDAME COMPARTIR ESTAS NOTICIAS CON OTROS. PERMITE QUE EL GOZO DE CONOCERTE SEA ALGO QUE SE COMPARTA A TODAS LAS NACIONES. AMÉN.

46

¡Apaga las luces!

Por demás es que os levantéis de madrugada, y vayáis tarde a reposar, y que comáis pan de dolores; pues que a su amado dará Dios el sueño.

SALMOS 127:2

Todos conocemos lo que la frase «¡Apaga las luces!» quiere decir. La escuchamos en nuestras casas cuando éramos pequeños. La escuchamos en los campamentos o en vacaciones familiares. Incluso puede ser que algunos de nosotros la hayamos dicho alguna vez. «¡Apaga las luces!» tiene un significado que se entiende sin ser explicado. Significa «duérmete», «quédate quieto» o «descansa». De acuerdo con algunos padres, quiere decir «acuéstate y guarda silencio». Esta pequeña frase siempre se dice con cierto grado de autoridad. Se dice con el mismo tono de un mandato. ¿Por qué? ¿Por qué hay cierto tono de autoridad en algo que objetivamente debería ser algo bueno? Bueno, como todos sabemos, los niños se niegan a descansar.

Dormir es algo que ellos no necesariamente quieren que suceda. Sienten que se van a perder de cierta parte del día o que hay cierta aventura que sucederá mientras ellos descansan. Es una de las razones por las que dormir una siesta siempre es una orden o una negociación. Seamos relistas. Los niños no quieren dormir. Pero ¿somos nosotros diferentes?

Piénsalo por un momento. ¿Cuántos de nosotros trabajamos largas horas y seguimos despiertos un par de horas más solo para terminar el siguiente episodio? ¿Cuántos de nosotros hemos dicho «sí» a algo cuando sabemos que ya tenemos demasiado por hacer? ¿Cuántos de nosotros hemos acordado pasar tiempo con amigos cuando sabemos que no hemos tenido siquiera el tiempo para recargar nuestras baterías? ¿Alguna vez has sentido que necesitas que alguien venga y te diga: «¡Apaga las luces!»? Ya sea que lo admitamos o no, muchas veces funcionamos hasta quedar sin energía. Estamos activos hasta que quedamos exhaustos y nuestros cuerpos y mentes se desgastan. No fuimos llamados a vivir de esta manera. Definitivamente debemos trabajar duro, pero también necesitamos descansar.

Esta no es una invitación a vivir una vida de pereza ni es una excusa para dormir cuando tenemos responsabilidades. En lugar de eso, es una oportunidad para experimentar el gozo que hay en descansar. Permite tener descanso día a día. No pases por alto el descanso por algo que no es importante. Encuentra maneras para descansar. Toma un momento para mirarte al espejo y decir: «¡Apaga las luces!». La persona que ves podría tener más necesidad de descanso de la que quisiera admitir. Dicho de una manera sencilla, trabaja duro. Alcanza grandes cosas, pero tómate el tiempo necesario para descansar tu mente, cuerpo y alma. Te sorprenderás del gozo que viene con esto.

SEÑOR, ESTOY MUY CANSADA. HAY TANTAS COSAS QUE DEBO HACER, Y SIENTO QUE NO TENGO EL TIEMPO PARA DESCANSAR. PADRE, DAME TIEMPO PARA DESCANSAR. RECUÉRDAME ENCONTRAR ESE TIEMPO Y PERMÍTEME DESCANSAR EN TI. AMÉN.

47

Ladrones de gozo

El ladrón no viene sino para hurtar y matar y destruir; yo he venido para que tengan vida, y para que la tengan en abundancia.

JUAN 10:10

Piensa en alguna vez en la que te hayan robado el gozo. Es probable que todos podamos pensar en un momento en el que alguien se robó nuestro gozo. Todos conocemos a los culpables. Esos culpables son los dueños de los comentarios ofensivos, despreciativos, sarcásticos y groseros, actitudes de condescendencia e incluso gestos sutiles. A ellos los llamamos ladrones de gozo. No son ladrones salvajes que irrumpen en nuestro corazón y aplastan nuestras emociones para luego irse con el gozo que puedan tomar ni son rateros que se menten sigilosamente en nuestros corazones para robar partes valiosas de ese gozo. Son más como estafadores. Entran en nuestras vidas y nos convencen de darles nuestro gozo. Dicho de una manera sencilla, nosotros les permitimos tener nuestro gozo.

¡Qué pensamiento! ¿Las personas que nos ofenden no son culpables del gozo que nos han robado? Así es. Estos individuos solamente se alimentan de aquellos que saben que entregarán su gozo a cambio de frustración y enojo. Tan difícil como parezca aceptarlo, es nuestra culpa por permitir que nos quiten el gozo. Esto nos lleva a la pregunta: si es nuestra culpa que nos roben el gozo, ¿por qué nos sucede tan a menudo? ¿Por qué dejaríamos que alguien tenga tal poder sobre nosotros?

La triste realidad es que hay muchas razones. Tal vez ellos son seres queridos cuya aprobación buscamos. Tal vez es un jefe que tiene una opinión sobre el trabajo que valoramos. Tal vez es un amigo a quien queremos complacer. Quienquiera que sea, hay personas que tienen la habilidad de llegar a nuestros corazones y pedir nuestro gozo, y, por la razón que sea, nosotros simplemente lo entregamos. Colocamos nuestro gozo en ellos.

Algunas veces estas personas usan mal nuestro gozo a propósito; algunas veces no es de manera intencional. No deberíamos molestarnos con estas personas. El gozo es algo que está reservado solo para aquellos en quienes podemos confiar profundamente. Esta es la razón por la que el divorcio y los problemas familiares lastiman tanto. Esto sucede porque son áreas en las que podemos poner nuestra confianza, incluso cuando tienen la posibilidad de defraudarnos.

Se lo que estás pensando. ¿Dónde están las buenas noticias? ¿Cuándo llegaremos a la parte gozosa? Bueno, ya hemos mencionado el secreto. ¿Dónde estás poniendo tu gozo? ¿Lo estás colocando en tus relaciones con personas o lo estás encontrando en Dios? No es algo malo disfrutar las relaciones que Dios nos ha dado, pero no hay un gozo que se parezca al que encontramos en Dios y en nuestra relación con Él. No entregues a las personas el tipo de gozo que debe de estar en Dios. Dale ese gozo a Dios y encuentra un amor y gozo que nadie a tu alrededor pueda tocar.

SEÑOR, CONSTANTEMENTE PERMITO QUE LAS
PERSONAS A MI ALREDEDOR ROBEN MI GOZO.
YO LO ENTREGO DE FORMA VOLUNTARIA.
RECUÉRDAME QUE TÚ ERES EL QUE DEBE
TENER MI GOZO. RECUÉRDAME QUE CONTIGO
HAY UN GOZO SIN COMPARACIÓN. AMÉN.

48

Ajedrez con papá

Aunque la visión tardará aún por un tiempo, mas se apresura hacia el fin, y no mentirá; aunque tardare, espéralo, porque sin duda vendrá, no tardará.

HABACUC 2:3

¿Alguna vez has jugado ajedrez? Es un juego sencillo, pero, dependiendo de cómo lo juegues, puedes tener posibilidades ilimitadas. Hay libros de cientos de páginas que hablan sobre las diferentes estrategias y tácticas que se pueden usar para ser un buen jugador. Para Sara, no había oponente más desafiante que su papá. Era un hombre de misterio cuando jugaba este juego. No es que fuera un individuo increíblemente complejo. De hecho, él trabajaba en una fábrica reparando diversas máquinas en el edificio. Era mecánico, pero este hombre era casi invencible en un juego de ajedrez. De los 15 años que Sara había jugado con su padre, solamente podía recordar un par de veces en las que había logrado ganarle y ella te dirá sin titubear que cada una de esas veces fueron victorias compasivas.

Sin embargo, Sara se había determinado a descubrir la estrategia de su papá. En un juego, parecía que ella ganaría. Podía visualizar un jaque mate en cuatro movimientos si su padre continuaba el curso que llevaba. Contuvo su emoción para no alertar a su padre. Movió su torre frente al rey de su papá.

«¡Jaque!», exclamó.

Su padre sonrió y movió su alfil para quitar la torre. «El alfil quita a la torre. Jaque mate», dijo él.

Ella estaba furiosa. ¿Cómo podía haber olvidado al alfil? Había estado parado a un lado todo ese tiempo. De hecho, no podía recordar que su padre lo hubiera movido una sola vez en todo el juego. Se quedó cabizbaja, analizando el juego en su cabeza. No podía superar cómo había olvidado un movimiento tan obvio. Su padre, sin embargo, le dio una pista de su estrategia. Le dio un beso en la frente y le dijo: «Solo porque una pieza no haya sido usada no significa que sea inservible».

Muchas veces nos sentimos como el alfil de este juego. Sentimos que, porque no hemos sido usados para algo, debe significar que no servimos para eso. Esto no es así. Dios tiene un plan para ti. Solo porque no puedas ver cómo se está moviendo ese plan no significa que no tienes parte en él. ¡Sé paciente y siente gozo en saber que Dios te usará para Su gloria!

SEÑOR, DIOS, ÚSAME COMO TÚ CREAS MEJOR.
PERMÍTEME SER PACIENTE EN LOS MOMENTOS
EN LOS QUE CLARAMENTE ME TIENES EN ESPERA.
RECUÉRDAME SER PACIENTE CUANDO VEO
A PERSONAS AVANZANDO Y YO SIENTO QUE
SIGO ESTANCADA. RECUÉRDAME QUE HAY UN
PLAN, QUE TÚ ERES DIOS, Y YO NO. AMÉN.

49

Zapatos de niño grande

**Estando persuadido de esto, que el que
comenzó en vosotros la buena obra, la
perfeccionará hasta el día de Jesucristo.**

FILIPENSES 1:6

Dany tiene una pequeña obsesión. No es una peligrosa; de hecho, ni siquiera es una adicción a algo. Dany tiene una fijación con los zapatos de su papá, un par en específico. No le importan los zapatos deportivos de su padre ni sus pantuflas, y te dirá que sus mocasines son feos, pero hay algo especial en lo que él llama los «zapatos de niño grande» de su padre.

Esos zapatos de vestir son de color café claro, siguen guardados en su caja y solamente los usa en ocasiones especiales, juntas importantes de trabajo y cada vez que su padre usa un traje azul. Dany adora a su padre, pero hay algo que sobresale cuando usa esos «zapatos de niño grande». Pareciera que lo hace caminar con más orgullo. Camina más erguido. Su sonrisa es aún más ancha y, cuando llega a casa, parece haber tenido un mejor día.

Por esta razón, Dany comenzó a rogar por sus propios «zapatos de niño grande». Quería sentirse confiado como su papá. Cuando se dio cuenta de que parecía que no recibiría esos zapatos, decidió encargarse él mismo.

Una mañana, su padre se alistaba para la iglesia, y Dany decidió que él usaría sus zapatos café. El padre de Dany buscó a su esposa para preguntarle si había visto los zapatos. En lugar de encontrar a su esposa, encontró a Dany, vestido en su atuendo para la iglesia y usando unos zapatos del doble del tamaño de sus pies. Su padre sonrió y le preguntó qué hacía usando sus «zapatos de niño grande». La respuesta de Dany tomó por sorpresa a su padre. Dany volteó a verlo y amorosamente dijo: «No puedo hacer todo lo que haces tú, pero al menos puedo usar tus zapatos».

Muchas veces suponemos que, porque no podemos vivir una vida exactamente igual a la de Cristo, eso debe significar que vivir la vida cristiana es imposible. Esto no es así. Vivir una vida cristiana significa descansar en la vida perfecta de Cristo y vivir una vida que refleje que hemos sido adoptados como hijos de Dios. Muchos de nosotros nos damos cuenta de que no podemos acercarnos a ese nivel de perfección y suponemos que cualquier intento será en vano. Jesús ya ha vivido la vida perfecta y ahora nos toca descansar en Él y agradarle. No nos llamó a caminar por un camino estrecho sin tambalear. Eso debe darnos gozo porque Él sí es perfecto. Nosotros somos llamados a seguirlo a Él. Así que, ponte tus «zapatos de niño grande» y camina, sabiendo que tus pasos no tienen que ser perfectos; solo sigue el camino diseñado por nuestro Padre.

SEÑOR JESÚS, TE DOY GRACIAS POR EL SACRIFICIO QUE HICISTE POR CADA UNO DE NOSOTROS. SÉ QUE HAY DÍAS EN LOS QUE ME ENFOCO EN INTENTAR VIVIR UNA VIDA PERFECTA, Y SÉ QUE ESO NO ES CORRECTO. RECUÉRDAME CADA DÍA QUE NO ME HAS LLAMADO A SER PERFECTA, SINO A SEGUIRTE. AMÉN.

50

Literalmente todo

**Dando siempre gracias por todo al Dios y Padre,
en el nombre de nuestro Señor Jesucristo.**

EFESIOS 5:20

Judith literalmente da gracias a Dios por todo. Y no estoy exagerando cuando digo «literalmente». Ella agradece en forma legítima a Dios por prácticamente todas las cosas en su vida. De niña, sus padres le pedían que orara antes de comer porque era lindo escucharla agradecer a Dios por el pan y los diversos condimentos, pero, al ir creciendo, comenzaron a cansarse de escucharla agradecer a Dios por cada cosa en la mesa. Aun así, Judith nunca perdió su habilidad de dar gracias a Dios constantemente.

Era agradecida en los tiempos buenos y malos. Fue agradecida cuando la promovieron en el trabajo el año pasado, e incluso es agradecida cuando está atorada en el tráfico. Es un poco desconcertante para las personas que la observan. Después de todo, ¿quién puede ser así de agradecido en cada momento?

Judith te dirá que ser agradecido es una decisión diaria. Es una decisión que requiere fe. Sabe lo fácil que es ser agradecida cuando las cosas salen bien, pero es un gran reto tener un espíritu de agradecimiento cuando las cosas no salen de acuerdo al plan. Su lógica para tener un corazón de agradecimiento es simple. Ella se ha dado cuenta de que cada situación tiene algo por lo cual ser agradecida. Para ella es simplemente un ejercicio de enfoque.

La realidad es que muchos de nosotros escogemos enfocarnos en lo negativo, en lugar de enfocarnos en lo positivo. Cuando llegamos tarde al trabajo por un accidente, olvidamos ser agradecidos porque no fuimos nosotros los que tuvimos o causamos el accidente. Cuando nos pasan por alto al promover a alguien en el trabajo, olvidamos que tal vez no estamos listos para manejar ese nivel de promoción. Incluso cuando nos dan comida diferente de la esperada en un restaurante, no admitimos que es algo fácil de arreglar y que nosotros somos los que estamos sentados con el aire acondicionado y no en una cocina calurosa. La realidad es que tenemos mucho por lo cual ser agradecidos.

Cuando se trata del gozo, todo tiene que ver con el enfoque. Sí, definitivamente hay momentos que no saldrán de acuerdo al plan, pero eso no cambia el hecho de que siempre habrá algo por lo cual estar agradecidos en literalmente cada situación. Algunas veces es fácil enfocarnos en lo negativo. Descubre el gozo que viene de escoger ver lo positivo.

SEÑOR, SÉ QUE HAY VECES EN LAS QUE SOY CULPABLE DE NO VER EL LADO POSITIVO. SÉ QUE MUCHAS VECES OLVIDO ENCONTRAR UNA ACTITUD AGRADECIDA CUANDO LOS TIEMPOS SON DIFÍCILES. RECUÉRDAME ANALIZAR LOS MOMENTOS FRUSTRANTES EN LA VIDA Y ENCONTRAR LO POSITIVO EN LO NEGATIVO. AMÉN.

51

Shhh. . .

Levantándose muy de mañana, siendo aún muy oscuro, salió y se fue a un lugar desierto, y allí oraba.

MARCOS 1:35

Seamos sinceros. Vivimos en un mundo ruidoso. Entre los timbres de nuestros celulares, las bocinas de los autos en las calles y los gritos de nuestros niños en la casa, nos volvemos bastante consciente de qué tan ruidoso es nuestro mundo. Y no es algo que se desaliente tampoco. Al contrario, se venden televisores con capacidades de sonido múltiples basados en los parlantes que compres con ellos. El rugido de un motor es lo que indica la fuerza y el poder del vehículo. Incluso en los cines, los cuales son bastante ruidosos de por sí, ahora hay cuartos con parlantes alrededor para hacer sentir a la audiencia como si estuviera dentro de la película.

El silencio es una comodidad que no es apreciada. Incluso las oficinas, donde el trabajo debería implicar concentración, están llenas de máquinas de ruido blanco que nos permiten trabajar con un nivel aceptable de sonido. La mayoría de nosotros no podemos dormir si no hay un ventilador prendido. Seamos realistas. Nos gusta el ruido. De hecho, si somos sinceros, podríamos admitir que casi nos sentimos incómodos cuando no hay ruido.

Y, aun así, el silencio tiene tanto por ofrecer. Ya sea que nos guste o no, el silencio es bueno para nosotros. Puede darnos un nivel de incomodidad al inicio, pero hay un objetivo detrás de la incomodidad. Piensa en tu «tiempo de quietud», por ejemplo. ¿Qué tan seguido oras a Dios mientras el mundo está zumbando a tu alrededor? ¿Alguna vez has intentado orar a Él entre canciones de la radio? ¿Has pensado que puedes tener tu lectura bíblica mientras está prendida la televisión y los niños corren por la casa?

Sé que podemos estarnos enfocando en el ruido audible, pero ¿qué tal el ruido de una vida caótica? ¿Intentas encontrar unos momentos de oración de camino al trabajo y lo cuentas como un tiempo de calidad lleno de Dios? ¿Qué hay de leer Su Palabra? ¿Qué tan seguido intentamos leer rápido la Biblia mientras nos aseguramos de que los niños se duerman?

Algunas veces eso es todo lo que puedes hacer. Se entiende completamente. El punto no es regañarte por no tener momentos profundos. El punto es ir en dirección al gozo. Hay gozo en el silencio. Cuando quitamos las distracciones, podemos profundizar en nuestra relación con Dios. Podemos leer Su Palabra con más claridad. Podemos orar con más enfoque. No pierdas el gozo de conocer a Dios de manera más profunda. Quita las distracciones. Quita el ruido y conócelo mejor en el silencio.

SEÑOR, SÉ QUE VIVO UNA VIDA RUIDOSA. SÉ QUE HAY COSAS EN LAS QUE DEBO TRABAJAR CADA DÍA. PERMÍTEME PONER ESAS COSAS A UN LADO POR UNOS MOMENTOS PARA CONOCERTE MEJOR. AMÉN.

52

El fósforo

**Este es el mensaje que hemos oído de
él, y os anunciamos: Dios es luz, y no
hay ningunas tinieblas en él.**

1 JUAN 1:5

Hay un profesor de física en la parte rural de Texas que hace experimentos sencillos para su clase con implicaciones sorprendentes. Sus experimentos nunca son costosos ni están fuera del entendimiento de los alumnos, pero aun así ha dado un par de lecciones que se alejan del campo de la ciencia y se acercan más al ámbito de la poesía.

Una tarde, comenzaron su estudio de la luz. El profesor sacó un prisma de cristal y lo iluminó para mostrar todos los elementos visuales de la refracción de la luz. Colocó un espejo en ángulo y mostró los conceptos de la refracción de la luz, pero lo que más disfrutó sobre la lección de la luz sucedió alrededor del concepto de un fósforo.

Le pidió a un alumno que apagara las luces e hizo notar la realidad de la oscuridad. Estaban en un salón de clases en el interior de un edificio, así que no había ventanas que permitieran el paso de la luz al salón. En cierto modo, los estudiantes pudieron experimentar la oscuridad total. El profesor continuó hablando a la clase. Explicó que había tal nivel de oscuridad en el salón que, incluso cuando sus ojos se ajustaran a la oscuridad, no podrían ver nada en absoluto. Eso fue hasta que encendió un fósforo. Cuando lo encendió, cada ojo que había estado perdido en la oscuridad se enfocó en el frente del salón para observar la luz que producía la flama.

Al irse apagando el fósforo, encendió otro y pidió a los estudiantes que lentamente formaran un círculo. Aunque la luz era tenue, la pequeña flama había producido suficiente luz para que los estudiantes vieran los objetos en el salón. El profesor preguntó: «¿Quién me puede decir algo sobre este fósforo?». Una estudiante levantó su mano y dijo: «Nosotros bloqueamos la luz por nuestras sombras. No hay luz en nuestras sombras». El profesor sonrió al encender otro fósforo y dijo: «También podríamos decir que no hay oscuridad en la luz».

Los estudiantes no entendieron hasta que el profesor encendió las luces. Tomó otro fósforo y les pidió a los estudiantes que se acercaran con sus teléfonos y encendieran el *flash* en sus cámaras. Encendió el fósforo y les pidió que tomaran tantas fotografías como pudieran. Cuando los estudiantes observaron sus fotografías, encontraron que podían ver la sombra de la mano del profesor y del fósforo, pero no podían ver la sombra de la flama. Cuando el profesor vio que los estudiantes comenzaban a comprender, terminó la clase diciendo: «La flama es sencillamente una fuente de luz; la luz no tiene sombra».

SEÑOR, GRACIAS POR SER LA LUZ EN MI VIDA. GRACIAS POR NO TENER IMPERFECCIONES, GRACIAS POR SER LA PARTE PERFECTA DE MI VIDA. TÚ NO TIENES OSCURIDAD, SEÑOR. PERMÍTEME COMPARTIR LA LUZ QUE TÚ DAS TAN LIBREMENTE. AMÉN.

53

Mensajes pequeños

**Por lo cual, animaos unos a otros, y edificaos
unos a otros, así como lo hacéis.**

1 TESALONICENSES 5:11

Las personas usualmente minimizan el impacto que puede tener una nota. Muchos las menospreciamos debido a la interpretación errónea de su valor; ni siquiera nos tomamos el tiempo de escribir una. Aunque estos pequeños mensajes puedan parecer insignificantes, suelen tener el mismo peso que el descubrimiento de un diamante escondido entre piezas de carbón.

Muchos de nosotros lidiamos constantemente con las frustraciones de la vida diaria. Consideramos nuestras responsabilidades diarias y sentimos que eso es todo lo que hay para nosotros, pero un mensaje bien colocado en el momento adecuado puede marcar la diferencia.

Tal vez has estado con los niños todo el día y el tiempo de siesta se convirtió en una fantasía más que en una realidad. Trabajaste en un proyecto en específico en el trabajo y sientes que nunca vas a terminar. Incluso tal vez has estado manejando por algunas horas y te atoras en el tráfico, lo que borra la noción de llegar a casa a tiempo. Cualquiera que sea el caso, todos hemos estado en situaciones donde el día se ha tornado más difícil sin razón alguna aparente. Muchos de nosotros suponemos que el remedio en esos días es quitar la dificultad en sí misma, pero algunas veces esa no es una posibilidad. Muy frecuentemente necesitamos un recordatorio de que todo estará bien, de que saldremos adelante de esta dificultad.

¿Cómo hacemos esto? Bueno, lo creas o no, un mensaje pequeño puede marcar una gran diferencia. Una nota corta puede servir mucho. Cuando nuestros pequeños angelitos no están siendo tan angelicales, recibir una nota sobre nuestra crianza puede hacer que cambiemos nuestra actitud hacia nuestros hijos. Cuando el trabajo nos tiene estancados, recibir un correo electrónico de agradecimiento por nuestro trabajo puede energizarnos para seguir con el día. Cualquiera que sea la dificultad, un mensaje amoroso puede cambiar las situaciones más difíciles.

Y eso no es todo. Mientras más cuidado inviertas en una nota, será mejor. Sí, un mensaje de texto o una llamada está bien cuando eso es lo único que puedes hacer, pero hay algo especial sobre una nota escrita que llama la atención. Los mensajes digitales pueden enviarse con tan solo teclear, con unos cuantos clics o con deslizar el dedo. Usualmente comunican una actitud de «no tuve tiempo». Las notas escritas demuestran más interés. Demuestran que hicimos un esfuerzo. Muestran que invertimos un poco de tiempo para comunicar un mensaje especial a una persona especial.

Así que, sal y conquista el día. Recuerda el poder de un mensaje escrito y la diferencia que puede marcar en aquellos que están luchando con los obstáculos de sus responsabilidades diarias.

SEÑOR, GRACIAS POR LOS MENSAJES QUE
OTROS ME HAN DADO. GRACIAS POR EL
PODER DE UNA PALABRA BUENA. RECUÉRDAME
INTERESARME POR OTROS DE ESTA MANERA
Y RECUÉRDAME NUNCA OLVIDAR EL PODER
DE UN MENSAJE PEQUEÑO. AMÉN.

54

Anuncios de bienvenida

Por tanto, recibíos los unos a los otros, como también Cristo nos recibió, para gloria de Dios.

ROMANOS 15:7

Los anuncios de bienvenida se han vuelto una tendencia en las iglesias. Probablemente los has visto. Tienen bases de metal y hojas grandes de algún tipo de material plástico. Se estiran desde la base hasta llegar a un cilindro metálico en la parte de arriba que parece un pergamino. En el anuncio hay mensajes personalizados para los visitantes. Allí se indica dónde puedes obtener información, cuáles son las redes sociales de la iglesia o incluso cómo participar en algún ministerio de la iglesia. Las iglesias de toda la región han comenzado a usar estos letreros con la esperanza de tener información visual atractiva que motive a los visitantes a volver. Las iglesias han invertido miles de dólares en estos anuncios, y aun así no se garantiza su efectividad.

¿Por qué? ¿Por qué no podría una compañía garantizar la efectividad de un producto como un anuncio? La realidad es que los anuncios pueden estar ahí para proveer una atmósfera de bienvenida, pero las iglesias aun así necesitan dar la bienvenida a las personas. Las iglesias siguen cometiendo el error de querer usar material complementario como el proveedor principal para una necesidad.

Si somos sinceros, muchos de nosotros somos culpables de tener esta mentalidad. Nos engañamos a nosotros mismos pensando que el sustituto es suficiente para satisfacer la necesidad. Pensamos que, obtendremos el premio del «mejor jardín» al contratar a un adolescente por 20 dólares cuando deberíamos hacer el trabajo nosotros mismos. Pensamos que, si llamamos a nuestros seres queridos una vez a la semana, nos contará como pasar tiempo de calidad con ellos. Esto es algo vergonzoso, pero vamos a la iglesia, escuchamos un sermón y permitimos que cuente como nuestro tiempo de lectura Bíblica y oración.

¿Qué perdemos al aceptar estos sustitutos? Bueno, perdemos la oportunidad de tener gozo real. Piensa en los anuncios de bienvenida por un momento. Muchas veces esperamos que ellos den la información, cuando en realidad existe una necesidad profunda de conexión. En lugar de pararte detrás del escritorio de bienvenida, con la esperanza de que el anuncio haga el trabajo, sonríe y saluda a alguien. Ten una conversación y descubre el gozo que viene de una conexión real. No te conformes con el sustituto. Persigue lo real en la vida y descubre cómo el sustituto no se acerca a lo real.

SEÑOR, SÉ QUE SOY CULPABLE DE
CONFORMARME CON LOS SUSTITUTOS EN
LA VIDA CUANDO LO QUE EN REALIDAD
NECESITO ES ALGO GENUINO. RECUÉRDAME
NO CONFORMARME CON LOS SUSTITUTOS Y
APROPIARME DE LO QUE ES REAL. AMÉN.

55

Si las paredes hablaran

Pero yo y mi casa serviremos a Jehová.

JOSUÉ 24:15b

Muchos de nosotros hemos escuchado esta frase. Normalmente se dice en un hogar donde se ha «vivido mucho». Esta forma de personificación es algo que muchos sienten al entrar a una casa antigua. Para algunos, tristemente, entrar a una casa puede significar dolor. Una casa puede haber albergado discusiones, frustraciones e incluso abuso. Eso es triste, pero también hay gozo como ningún otro cuando entramos a una casa llena de amor.

Todos sabemos de qué casas estoy hablando. Para algunos de nosotros, es una familia que ha tenido semanas llenas de noches de juegos, risas a la hora de la cena y respuestas amorosas durante tiempos difíciles. Sabemos cuándo una casa ha sido empapada de oración y lectura de la Escritura. Puedes sentir cuando Dios es la parte principal del hogar. Todos sabemos que debemos ser hospitalarios, pero hay algo extraordinario sobre una casa que comunica un ambiente cálido en sí misma. Las personas ven fotos familiares en las paredes o notan que una Biblia no está cubierta en polvo y se ve usada. Se dan cuenta cuando la familia se habla de manera natural y no finge frente a las visitas.

Cuando un hogar está lleno de estas cosas de manera consistente, se vuelve obvio para todos los que entran en la casa. Cuando un hogar se llena del gozo de conocer a Dios, es evidente y comunica algo. Dice que ese hogar sirve, ora, estudia y, sobre todo, ama. El gozo sobreabunda cuando amamos a Dios. Nuestros hogares deben tener tal abundancia de gozo que se derrame en sus paredes. Nuestras paredes deben estar saturadas de oración. Nuestro tiempo invertido en el hogar debe ser seguro y confiable; la presencia de Dios debe ser evidente en la casa y en los que la habitan. Hay gozo en eso. El gozo viene de saber que Dios es el Señor de nuestras vidas. Eso incluye dónde vivimos y cómo vivimos.

Toma un momento y observa las paredes de tu casa. Si pudieran hablar, ¿qué dirían? ¿Encontrarías gozo en lo que escucharías? ¿Querrías que tus visitas escucharan ese mensaje? El gozo y el amor se comunica a todos los que entran a tu casa. Antes de enfocarte en lo que ellos escucharían, toma tiempo para enfocarte en el gozo que puedes poner en esas paredes al adorar y servir a Dios.

SEÑOR, SÉ QUE HAY MOMENTOS EN LOS QUE NO VIVO DE ACUERDO A TU VOLUNTAD. SÉ QUE ALGUNAS VECES TE DESOBEDEZCO DESDE LA COMODIDAD DE MI HOGAR. PERMÍTEME VER A MI HOGAR COMO UNA BENDICIÓN QUE TÚ ME HAS DADO Y QUE CON ESE REGALO VIENE UNA RESPONSABILIDAD DE CONOCERTE PROFUNDAMENTE Y SERVIR A TU REINO. AMÉN.

56

Fiesta de vecindario

**Sean gratos los dichos de mi boca y la
meditación de mi corazón delante de ti,
oh Jehová, roca mía, y redentor mío.**

SALMOS 19:14

Hay una iglesia en Tennessee que se ha vuelto famosa en su vecindario por su fiesta anual. Un miembro que tiene un restaurante provee hamburguesas y salchichas. Otro miembro tiene acceso a casitas inflables y las lleva también. La iglesia aparta dinero y provee juegos y refrigerios para todos los que decidan ir. Es su propio festival de otoño que se ofrece a todo el que quiera asistir. Las personas de todo el vecindario van a la iglesia y participan en el evento.

Los niños disfrutan de los juegos y los inflables por horas. Los padres disfrutan la comida y las conversaciones con familiares y amigos, pero el pastor disfruta el evento por sus propias razones. Él ama cada momento del evento desde su vista de la tienda de «conexión». En la tienda de conexión, puedes inscribirte en rifas para ganar regalos, se curan las heridas que los niños pueden hacerse al caerse en el pavimento del estacionamiento o incluso puedes ver la lista de asistentes y revisar si alguien en específico está en el evento o no. Cualquiera que sea el caso, el pastor lo disfruta porque francamente es lo que tiene que suceder para tener un evento de estos.

Él usa el tiempo para saludar a las personas, pero ese no es su propósito al estar ahí. No está buscando reclutar nuevos miembros o visitantes para el evento (aunque esa sería una ventaja). Al contrario, puedes encontrar al pastor junto a una mesa diciendo: «¿Puedo orar por ti?».

Sorprendentemente, algunos se acercan cada año a la mesa del pastor a buscar su consejo. Algunos son miembros de su congregación, pero el propósito de esta mesa en específico es para los que no necesariamente asisten a la iglesia. Él siempre está cerca, buscando a ovejas perdidas en necesidad de una palabra de aliento, un consejo sabio o simplemente una oración. Cualquiera que sea el caso, el propósito de la mesa es recordar a aquellos que se acercan sobre el amor y el gozo que viene de conocer quién es Dios.

En la vida, algunas veces no son los tiempos buenos los que nos recuerdan del gozo. Algunas veces no importa qué tanta diversión hay a nuestro alrededor. De vez en cuando necesitamos una palabra de aliento y un rostro amable que nos recuerde sobre el gozo en la vida y el gozo que viene de un Dios amoroso.

SEÑOR DIOS, ALGUNAS VECES BUSCO GOZO EN LO ATRACTIVO, Y MUCHAS VECES NO ES SUFICIENTE. QUÉDATE CONMIGO DURANTE EL DÍA Y RECUÉRDAME SOBRE EL GOZO QUE VIENE DE CONOCERTE. AMÉN.

57

Máquina expendedora de goma de mascar

Si permanecéis en mí, y mis palabras permanecen en vosotros, pedid todo lo que queréis, y os será hecho.

JUAN 15:7

Nunca he entendido por completo las máquinas expendedoras de goma de mascar, en especial por qué siempre están en los supermercados. De hecho, podría atreverme a decir que, fuera de algún consultorio médico o concesionaria de autos inusual, puedes encontrarlas casi exclusivamente en los supermercados. ¿Por qué enfatizar esto? Bueno, para ser completamente transparente sobre por qué creo que esto parece ilógico, creo que un comprador puede encontrar goma de mascar dentro del supermercado. Con franqueza, son más nuevas y puedes comprarlas a menor precio. Y, aun así, las máquinas expendedoras de goma de mascar son un éxito o, al menos, no se irán a ningún lado.

¿Alguna vez has visto cómo tratan a estas máquinas? Cambian los dulces recién cuando la máquina está vacía. Cuesta 25 centavos obtener solo 1 pieza de dulce y los niños con manos y narices sucias meten sus dedos para intentar sacar lo más que puedan. Las máquinas expendedoras de goma de mascar son absolutamente asquerosas. Y aun así los niños les ruegan a sus padres por cambio extra para poder obtener un dulce.

¿Por qué siguen existiendo estas máquinas expendedoras cuando sabemos todos estos detalles preocupantes? ¿Cómo es que los niños, y algunos adultos, caen en la tentación de la máquina cuando en lo profundo saben que podrían comprar el mismo producto en el supermercado? Para ser honesta, pienso que tiene algo que ver con la gratificación instantánea de meter algo a la máquina y recibir algo al instante. Por más que odiemos admitirlo, todos tenemos nuestra versión de la máquina expendedora de goma de mascar. Todos somos culpables de tratar a Dios como el guardador de la máquina expendedora de goma de mascar de nuestras vidas.

Sé honesta contigo misma por un momento. ¿Alguna vez has orado a Dios y esperado una respuesta inmediata? ¿Has estado buscando trabajo y pedido a Dios que conteste una oración? ¿Cómo te sientes cuando no recibes una respuesta en ese momento? ¿Te frustras? ¿Te molestas? ¿Has buscado el consejo de Dios y después te has enojado cuando no recibías sabiduría? La triste realidad es que muchos de nosotros hemos tenido una mentalidad de máquina expendedora de goma de mascar por lo menos una vez. Usualmente el gozo viene de ser paciente. Así como cuando le decimos a un niño que puede obtener algo mejor en lugar de conformarse con una gratificación instantánea, Dios nos permite darnos cuenta de que las mejores cosas en la vida son las cosas por las que vale la pena esperar.

SEÑOR, SÉ QUE HAY OCASIONES EN LAS QUE SOY IMPACIENTE. RECUÉRDAME QUE HAY GOZO EN SABER QUE HAY UN TIEMPO Y UN LUGAR PARA TODO DE ACUERDO A TU VOLUNTAD. AMÉN.

58

La hora de los malvaviscos

Antes bien, creced en la gracia y el conocimiento de nuestro Señor y Salvador Jesucristo. A él sea gloria ahora y hasta el día de la eternidad. Amén.

2 PEDRO 3:18

Los malvaviscos se han convertido en complementos necesarios para las fogatas de campamento. Una de las primeras preguntas que se vienen a la mente cuando se menciona la idea de hacer una fogata tiene que ver con quién traerá las galletas, los malvaviscos y los chocolates. Estos en conjunto son un bocadillo delicioso y se han vuelto parte de la experiencia de acampar desde su creación. Sencillamente, si hay una fogata, hay malvaviscos.

Alguien que haya probado estos bocadillos quizás te diga que no necesariamente es su postre favorito. Puedes intentar preguntarle a alguien que escoja su postre favorito. Probablemente haga una lista de dulces y postres, pero no encontrarás este bocadillo de malvavisco, galleta y chocolate, conocido como s´more por la combinación de las palabras en inglés *some* y *more*, que juntas quieren decir «un poco más». Esto no significa que a ellos no les gusten los s´mores. Solo quiere decir que hay algo en ellos que no se enfoca en el sabor. Hay algo más en un s´more que solo su sabor. El secreto está en su creación.

La creación de estos bocadillos es una actividad grupal. Alguien coloca las galletas en platos desechables, acomodan las barras de chocolate y sacan los palitos en donde tostarán los malvaviscos. Cuando se tuestan los malvaviscos, usualmente escucharás risas y críticas sobre cómo tuesta cada quien su malvavisco. Algunos escogen tostarlos de manera uniforme, obteniendo un color dorado que cubre el malvavisco entero. Otros escogen apenas calentarlos para que quede el centro derretido. Y algunos otros deciden meter el palo directamente al fuego para incendiar el malvavisco por completo.

Se escuchan risas mientras intentan comer estos bocados sin ensuciar sus caras por completo. Se comparte gozo mientras las personas disfrutan del fulgor del fuego y conversan sobre sus vidas. El gozo de un s´more no está en el bocado en sí, sino más bien, el gozo se encuentra en el tiempo compartido al crear ese bocado.

Muchas veces pensamos que cualquier actividad en la que estemos participando solo nos dará la oportunidad de enfocarnos en esa actividad, pero ¿alguna vez has asistido a la iglesia? Si asistir a la iglesia se tratara solamente de ir y escuchar a el pastor predicar, ¿cómo explicaríamos el gozo que se comparte cuando estamos ahí, sirviendo a nuestros seres queridos? Toma un momento para pensar en las actividades que Dios ha puesto en tu corazón. ¿No crees que Dios pueda tener algo para ti que vaya más allá de tu comprensión sobre aquello a lo que te ha llamado?

SEÑOR, SÉ QUE ESTA VIDA ES UNA AVENTURA.
SÉ QUE AQUELLO A LO QUE ME HAS LLAMADO VA
MÁS ALLÁ DE LO QUE YO PUEDA COMPRENDER.
RECUÉRDAME QUE SIEMPRE HAY UN PANORAMA
MÁS AMPLIO QUE MI PERSPECTIVA Y QUE ESE
PANORAMA APUNTA A TI Y A TU GLORIA. AMÉN.

59

Vitaminas diarias

Nunca se apartará de tu boca este libro de la ley, sino que de día y de noche meditarás en él, para que guardes y hagas conforme a todo lo que en él está escrito; porque entonces harás prosperar tu camino, y todo te saldrá bien.

JOSUÉ 1:8

esde el día en el que Gerardo cumplió 40 años, su esposa ha sido insistente en su dosis diaria de lo que parecieran docenas de vitaminas. Cuando comenzó a tomar diferentes pastillas, de inmediato consideró la tarea bastante abrumadora. Odiaba la idea de comenzar cada día abriendo diferentes envases y frascos, y tomando pastillas multicolores que nunca había necesitado. Siendo sincero, Gerardo lo odiaba. Hay días en los que este ritual matutino parece una inconveniencia. Aun así, esto es algo en lo que él invierte tiempo todas las mañanas.

Al inicio, pensó que esto tranquilizaría a su esposa. Supuso que, al tomar pastillas de glucosamina, aceite de pescado y suplementos multivitamínicos, su esposa estaría contenta. Algo, sin embargo, comenzó a cambiar. Fue un proceso lento, pero él notó que sus articulaciones le dolían menos. Su corazón comenzó a latir con más fuerza. Incluso los dolores musculares por su ejercicio diario no parecían durar tanto. Sabía que esto no era lo único que contribuía a su modo de vida saludable, pero definitivamente estaba ayudando.

Muchos de nosotros pensamos que el tomar vitaminas diarias puede asemejarse a la lectura diaria de la Biblia. Sabemos que es bueno para nuestro caminar diario con el Señor. Sabemos que mejora nuestra habilidad de tomar la cruz cada día. Aun así, todos hemos tenido momentos en los que vemos la lectura de la Escritura como algo un poco inconveniente. Pareciera ser algo que detiene nuestros deseos de hacer más de lo que nosotros queremos en la vida. Como Gerardo, sabemos qué es bueno para nosotros, pero no queremos hacerlo.

Aun así, podemos identificar a aquellos que están en la Escritura cada día. Los conocemos por su forma de actuar y hablar. Podemos percibir la salud espiritual en esas personas de tal forma que es obvio que están pasando tiempo con el Señor. De la misma manera que podemos percibir si alguien se ejercita a diario o come de forma saludable la mayor parte del tiempo, podemos identificar a aquellos que tienen una relación profunda con la Palabra de Dios.

La Biblia debe ser nuestra dosis diaria. La Palabra de Dios debe ser algo que tomemos cada día con emoción y naturalidad. No debe ser algo que ponemos en el librero y leemos de vez en cuando. Así como cuando tomamos vitaminas, no tiene el mismo efecto si solo las tomamos una o dos veces a la semana. Así como el gozo que viene de vivir una vida saludable, la lectura diaria de la Palabra es algo que no puede explicarse.

SEÑOR, SÉ QUE HAY MOMENTOS EN LOS QUE NO LEO TU PALABRA COMO DEBERÍA. ALGUNAS VECES LO CONSIDERO UNA INCONVENIENCIA. RECUÉRDAME DEL GOZO QUE VIENE DE PASAR TIEMPO EN TU PALABRA CADA MOMENTO QUE PUEDA. AMÉN.

Aire acondicionado

**Confortará mi alma; me guiará por sendas
de justicia por amor de su nombre.**

SALMOS 23:3

Cuando pensamos en tiendas grandes, usualmente pensamos en todas las cosas que podemos comprar: artículos de oficina, muebles, alimentos, dispositivos electrónicos y diversos artículos exclusivos dentro de sus paredes enormes. Algo que todas estas tiendas tienen en común es su entrada. Pueden vender productos similares, pero hay suficientes variaciones en estas tiendas para diferenciarlas unas de otras. Algo que sobresale de estas tiendas es el potente ruido y la brisa intensa del ártico que les da a los compradores al pasar por las puertas automáticas de entrada.

Algunos las consideran una molestia. Después de todo, ¿qué necesidad hay de tener ese nivel de aire acondicionado cuando la temperatura afuera está bastante agradable? Pero nunca parece haber una sola queja cuando las personas entran a las tiendas en un día caluroso. Cuando la temperatura se eleva y se advierte a las personas que tomen precauciones al estar afuera en el calor, algunas veces la entrada de estas tiendas es lo más parecido que tienen a tomar aire fresco. Nunca hay quejas sobre el aire helado que reciben las personas al entrar acaloradas. Hay un gozo que parece llenar cada rostro de las personas que entran a estos edificios.

Si lo pensamos, nuestras vidas cristianas no son tan diferentes. Seamos realistas. Vivimos en un mundo lleno de dificultades y descontentamiento. Espiritualmente sentimos como si estuviéramos vagando en un desierto. Las personas se enojan al ver las noticias. Están insatisfechas con sus relaciones o sus carreras profesionales. Incluso puede ser que batallen con la idea de encontrar gozo en su iglesia. Por esto, podemos sentirnos deshidratados y exhaustos al tener que lidiar con este nivel de negatividad. Entonces, ¿qué hacemos? Bueno, es un poco obvio, pero ¿qué tan seguido consideramos ir a Dios en oración?

Como en esas tiendas gigantes, el momento en el que entramos a un tiempo intencional de oración podemos encontrar un sentido inmediato de paz y gozo porque nos hemos tomado el tiempo de escapar del «calor» del mundo exterior. Cuando el drama y las frustraciones del mundo parecen llegar al punto de ebullición, en lugar de entrar de lleno a ese calor, tómate el tiempo para ir a Dios en oración y encontrar el gozo que elimina la noción de ese calor y te permite enfocarte en entrar a un lugar intencional de oración.

SEÑOR, ALGUNAS VECES ME ENVUELVO EN TODAS LAS FRUSTRACIONES DEL MUNDO Y OLVIDO QUÉ TAN REFRESCANTE PUEDE SER UN TIEMPO CONTIGO. RECUÉRDAME ESE GOZO CADA VEZ QUE ORO A TI Y DAME MÁS Y MÁS OPORTUNIDADES DE PASAR TIEMPO CONTIGO. AMÉN.

61

Travesuras en el parque

No mirando cada uno por lo suyo propio, sino cada cual también por lo de los otros.

FILIPENSES 2:4

Daniel siempre ha sido un chico alto. En su familia, él es el mayor de cinco hijos, y es mayor por unos cuántos años. Todos conocemos a alguien con una historia parecida. Los padres de Daniel batallaron mucho para tenerlo y pensaron que solo tendrían un hijo. Sin embargo, luego, años después, tendrían una sorpresa, luego otra y otra y otra hasta que finalmente, en el cumpleaños 16 de Daniel, se tomaron una fotografía familiar en la que se puede ver a Daniel de 16 años, a su hermano de 8, al siguiente niño de 6 y a sus hermanas gemelas de 4. Uno pensaría que Daniel podría tener problemas con esta dinámica, pero él no dudará en decirte que, después de crecer en una casa silenciosa, es bastante agradable tener algo de ruido.

Lo que llama la atención de Daniel, aparte de su edad, es su tamaño. Mide dos metros de altura. Es muy fuerte, juega diferentes deportes, es relativamente popular en su escuela y tiene muchos amigos de su edad; pero, cuando está con sus hermanos menores, no se siente tan grande como para no jugar con ellos. Todavía se sube a los columpios y a los juegos en el parque con ellos e incluso se sube a las resbaladillas. Él ama a sus hermanos menores.

De hecho, ahí es donde escogió celebrar su cumpleaños número 16: en el parque local.

Algunos se sorprendieron cuando mencionó que quería celebrar ahí, hasta que admitió que quería tener un día con su familia. Ahí fue donde se tomaron la foto familiar que se exhibiría en la sala de su casa los años siguientes. En ella, podrás ver a dos gemelas sentadas en el regazo de su madre, un padre cargando a un niño de ocho años en un brazo y a un niño de seis años en otro, y en el fondo encontrarás a Daniel, montado a un caballo de juguete para niños pequeños.

Años después, le preguntaron a Daniel sobre esa fotografía, y él respondió con una sonrisa: «Quería que mi familia disfrutara, más de lo que quería tener un día dedicado para mí». Muchos de nosotros permitimos que en días especiales como los cumpleaños nos convirtamos en ídolos vivientes. Casi esperamos ser adorados en esos días. En lugar de tener la expectativa de que otros te traigan gozo, intenta hacer de esta ocasión una para dar gozo a otros. Podrías sorprenderte del gozo que recibirás.

SEÑOR, SÉ QUE HAY OCASIONES EN LAS QUE PERMITO QUE MIS EXPECTATIVAS DEFINAN MI GOZO. PERMÍTEME PODER REPARTIR GOZO A OTROS Y NO SIMPLEMENTE TENER LA EXPECTATIVA DE RECIBIR GOZO DE OTROS. AMÉN.

62

Rutas del periódico

**Y todo lo que hagáis, hacedlo de corazón,
como para el Señor y no para los hombres.**

COLOSENSES 3:23

Hay muchos «primeros trabajos» que ya no existen como antes. Antes de cumplir los 16 años, los niños tenían diversas oportunidades para ganar dinero antes de llegar a la edad de conseguir un trabajo formal. Podías ver a niños de trece años trabajando en las granjas o a algunos adolescentes cortando el césped, pero a unos pocos seleccionados les encargaban la responsabilidad en todo el país de repartir periódicos en rutas específicas.

Los niños de todo el país se presentaban en las imprentas, recogían tantos periódicos como podían, se subían a sus bicicletas y repartían los periódicos en los porches, en los buzones y en las entradas de las casas en varios vecindarios por toda la ciudad. Después de eso, los niños volvían por más periódicos o regresaban a recibir el pago por su trabajo. Ya que la impresión de periódicos ha comenzado a disminuir en la sociedad, también lo han hecho las rutas de periódico, lo cual es triste.

Es triste por un par de razones. Primero, los adolescentes pierden la chance de ganar algo de dinero para ahorrar para un carro, sus salidas o incluso para la universidad, pero hay una razón incluso más grande de por qué la desaparición de estas oportunidades de trabajo es tan triste. El hecho es que estos trabajos han enseñado lecciones que parecen haberse perdido en nuestra sociedad. Estos trabajos demostraban la importancia de estar preparado. Enseñaban por qué es tan importante no permitir que el día se te escape. Las rutas de entrega de periódico, sobre todo, enseñaban el gozo que viene de un arduo día de trabajo a una edad temprana.

Muchas personas no descubren ese gozo hasta que van a la universidad. Pueden tener un atisbo de ese tipo de gozo cuando llevan a cabo proyectos grandes en la escuela o son parte de un equipo que ha entrenado duro, pero no hay nada como un día de trabajo arduo y el disfrute de los beneficios de ese trabajo. Así que, ¿cómo podemos enseñar esas lecciones hoy en día? ¿Cómo revivimos el gozo del trabajo arduo?

Bueno, lo primero que podemos hacer es considerar el trabajo como un gozo y no como una carga. Poder trabajar reconoce los dones y las habilidades que Dios nos ha dado a cada uno de nosotros. Un largo día de trabajo es gozo porque ha sido invertido usando los dones que Dios te ha dado. De la misma manera en la que Dios bendice a los niños con energía y persistencia para andar en bicicleta a través de la ciudad y entregar periódicos, Dios te ha dado talentos especiales para sobrellevar el día y tener gozo en saber que el día fue invertido usando esos talentos.

SEÑOR, GRACIAS POR EL TRABAJO. SÉ QUE ALGUNAS VECES VEO MI TRABAJO COMO SI FUERA UNA CARGA. PERMÍTEME RECONOCER MIS DONES Y AYÚDAME A USAR ESOS DONES CADA DÍA EN EL TRABAJO QUE TÚ ME HAS DADO. AMÉN.

63

Un poco de dolor

**Amados, no os sorprendáis del fuego de
prueba que os ha sobrevenido, como si alguna
cosa extraña os aconteciese, sino gozaos por
cuanto sois participantes de los padecimientos
de Cristo, para que también en la revelación
de su gloria os gocéis con gran alegría.**

1 PEDRO 4:12-13

Puede parecer bastante extraño encontrar este título en un libro sobre el gozo. Resulta evidente que el dolor raramente trae gozo, pero pregúntale a cualquier deportista y te dirá lo contrario. Si entras al gimnasio más cercano que tenga aparatos de levantamiento de pesas y máquinas cardiovasculares, raramente encontrarás a alguien con un rostro placentero durante su entrenamiento. Y, aun así, estos lugares suelen estar llenos de personas esperando la oportunidad de usar esas máquinas para su entrenamiento.

Algunos invierten horas y horas en estos lugares, levantando pesas, corriendo distancias largas y, aun así, sin moverse de un lugar físico. Al realizar todas estas hazañas físicas, comienzan a sudar, sus cuerpos se cansan y emiten un olor nada agradable. Si observamos desde afuera, parece que estas personas están sometiendo sus cuerpos a varios tipos de tortura y, aun así, la industria de entrenamiento físico es una empresa multimillonaria. Ellos están literalmente ganando dinero con el sudor de la frente del consumidor.

Aun así, las personas participan en desarrollar su propio cuerpo. Incluso al costo de su propia comodidad, encuentran gozo en lo incómodo. ¿Por qué? ¿Qué hay en estas actividades que han cautivado a nuestra cultura? No podemos ver una película sin que un actor o actriz demuestre su destreza física. No podemos estar en las redes sociales sin encontrar la rutina de ejercicio de las personas. No podemos siquiera escuchar música sin encontrar listas de reproducción para hacer ejercicio. La realidad es que hay algunas cosas en la vida que traen un poco de incomodidad y mucho gozo.

¿Por qué sucede esto? ¿Qué hay en estas actividades incómodas que seguimos llevando a cabo? ¿Qué las hace tan especiales? Bueno, como con el ejercicio, hay momentos en la vida que causan un poco de dolor, pero traen bastante gozo. La máquina para caminar puede ser agotadora, pero correr un maratón es algo que trae gozo y orgullo a nuestros logros. Ese ejercicio matutino puede ser difícil, pero no tan difícil como vivir un estilo de vida con consecuencias por sobrepeso.

Espiritualmente, puede ser una inconveniencia apartar tiempo para orar o leer la Biblia, pero ¿alguna vez has escuchado a alguien decir que su tiempo en la Palabra no valió la pena? ¿Has sabido de alguien que pasa tiempo en oración decir que fue una pérdida de tiempo? ¡Claro que no! Aunque todos hemos sido culpables de considerar dar nuestro tiempo como una inconveniencia, no hay nada como el gozo que se encuentra al vencer esa actitud y pasar ese tiempo con Dios.

SEÑOR, SÉ QUE ALGUNAS VECES ACTÚO COMO
SI FUERA DOLOROSO DAR DE MI TIEMPO
PARA PASARLO CONTIGO. PERMÍTEME DARME
CUENTA DE QUE HAY GOZO EN EL OTRO LADO
DE MI INCONVENIENCIA, EL CUAL AMERITA EL
SACRIFICIO DE DAR ESE TIEMPO. AMÉN.

64

Desde cero

**Este pueblo he creado para mí;
mis alabanzas publicará.**

ISAÍAS 43:21

Con todos los programas de cocina y las recetas que encontramos en las redes sociales, no es de sorprenderse que hemos visto un deseo creciente en nuestra cultura para aprender a cocinar. Las personas hacen su mejor esfuerzo para olvidarse del microondas y usar ollas, sartenes y espátulas. Dejan la ventanilla de servicio con el automóvil a cambio de la ventana de un horno. Para bien o para mal, nos estamos convirtiendo en una cultura que ha redescubierto un amor por cocinar.

Algunas culturas en nuestro país, sin embargo, parecieran nunca haber perdido el gozo de cocinar. Sencillamente, eso es lo que hacen. Es una tradición familiar cocinar algo desde cero. Y otros apenas estamos descubriendo que «desde cero» significa más que solo abrir una caja y mezclar ingredientes. Significa crear algo.

Esto es algo que ha confundido a muchos cocineros y panaderos jóvenes, pero el concepto de «desde cero» es algo que está cambiando el mundo de la repostería. Ha habido un regreso a las formas antiguas de cocina, incluso en la creación más simple: el pan. Para muchos de nosotros, el pan es un simple producto que tiene su propia sección en el supermercado. No es necesariamente algo que creamos. Es algo que compramos y, sin embargo, hornear pan es una de las formas de arte antiguas que parece estar regresando.

Hay una familia que aplica el método «desde cero» seriamente. Por ejemplo, en lugar de harina, compran su propio grano y hacen su propia harina. Dicen que eso es lo que hace a sus recetas de pan especiales. Los hijos mayores de la familia dicen que hay algo diferente en cada producción de pan porque se toman el tiempo de crearlo desde los ingredientes más naturales. Incluso hacen su famoso pan integral de canela y lo dan como parte de su regalo navideño en el servicio de Navidad.

Muchos de nosotros olvidamos el gozo de saber que todos surgimos de algo muy pequeño. Científicamente hablando, entendemos que crecimos en el vientre de nuestra madre a partir de un grupo de células y nos formamos en los humanos que somos hoy, pero aquellos de nosotros que conocemos a Dios nos llenamos de gozo en saber que pasó mucho más que solo eso. Fue nuestro Padre quien nos formó de manera compleja y nos hizo lo que somos hoy. ¿Cómo no tener gozo en saber que Dios nos hizo... desde cero?

SEÑOR, GRACIAS POR CREARME. GRACIAS POR FORMARME Y HACERME LA PERSONA QUE SOY HOY. PERMÍTEME TENER ESTE MISMO APRECIO POR OTROS PORQUE, ASÍ COMO TÚ ME HICISTE, LOS HICISTE A ELLOS. AMÉN.

65

Tests de personalidad

**Mas vosotros sois linaje escogido, real sacerdocio,
nación santa, pueblo adquirido por Dios, para
que anunciéis las virtudes de aquel que os
llamó de las tinieblas a su luz admirable.**

1 PEDRO 2:9

Todos los hemos visto. La mayoría de nosotros los hemos hecho. La realidad es que somos personas que se han obsesionado con los tests de personalidad. Hemos conocido el gozo de saber qué tipo de persona somos. Algunos de nosotros incluso basamos nuestra identidad en eso. Quizás sea algo que no nos enorgullece, pero todos hemos visto los cuestionarios y nos hemos preguntado qué personaje de nuestro programa de televisión favorito somos. Nos preguntamos qué color nos define o qué tipo de animal seríamos. Algunas de estas evaluaciones se han vuelto tan populares que hasta han sido implementadas en trabajos. Evaluaciones como el eneagrama, el *Myers-Briggs* e incluso *StrengthFinders* se han usado para identificar la forma en la que una persona trabaja, piensa y coopera con otros miembros de un equipo. Todo esto para responder una pregunta sencilla: «¿Dónde pertenecemos?».

Esta es una pregunta que la humanidad se ha hecho por miles de años. Es una idea que ha dado vueltas en las mentes de nuestros más grandes pensadores y ha ocupado los pensamientos de los niños. Queremos saber quién somos, dónde pertenecemos y qué nos hace especiales y únicos. Estas son emociones que todos hemos sentido hasta cierto punto. Ya sea que queramos admitirlo o no, queremos saber cómo nos ve el mundo. Nos gusta la idea de encontrar nuestro lugar en la sociedad. Todo esto, sin embargo, es superficial.

Quiénes somos, dónde pertenecemos y qué significa todo eso se responde con la realidad de quién es Dios en nuestras vidas. Para mí, siempre he pensado que Dios nos observa a través de un lente similar al de un padre. Los que tienen hijos entienden que hay una profundidad que va más allá de lo que se puede describir cuando se trata de la identidad de su hijo. El amor que una persona tiene por su hijo es difícil de describir. Y, en eso, encontramos el punto. Nuestra identidad puede ser algo en lo que nos enfocamos, pero hay un Dios que sabe quién somos en un nivel más profundo de lo que podemos entender. Somos Su creación. Él conoce nuestros corazones y nuestras mentes mejor que nadie. Podemos encontrar gozo en saber que somos amados por un Dios que conoce nuestra identidad mejor de lo que pudiéramos describirnos a nosotros mismos. Es una de las muchas razones por las que encontramos gozo en saber que la primera parte de nuestra identidad es ser hijo de Dios, porque entendemos el amor sin poder describirlo.

SEÑOR, GRACIAS POR AMARME. SÉ QUE HAY
MOMENTOS EN LOS QUE ME ENFOCO EN ENCONTRAR
QUIÉN SOY COMO PERSONA Y OLVIDO ADMITIR
QUE SOY TUYA. RECUÉRDAME TU AMOR CADA
DÍA Y RECUÉRDAME QUE ESTE AMOR TIENE
UNA PROFUNDIDAD INDESCRIPTIBLE. AMÉN.

La torre

**Todo lo hizo hermoso en su tiempo; y ha puesto
eternidad en el corazón de ellos, sin que
alcance el hombre a entender la obra que ha
hecho Dios desde el principio hasta el fin.**

ECLESIASTÉS 3:11

Hay una torre de bloques en una oficina que se ha convertido en el reto entre nueve o diez competidores que han decidido participar. Hay algunos espectadores que han disfrutado del espectáculo sin participar, aunque siempre son bienvenidos a participar en la competencia. El objetivo es simple: la torre está construida de bloques rectangulares. Un jugador saca un bloque de la torre y lo usa para seguir construyendo hacia arriba, encima de la torre. Cuando el juego comienza, la torre mide 20 centímetros. Al ir participando durante el día, los jugadores pasan por la torre en la oficina, y esta se va haciendo cada vez más alta… y más inestable. Hoy en día, el récord es de 38 centímetros de alto. Muchos han estado cerca de romper el récord, pero este ha permanecido por más de cuatro meses.

Lo interesante de esta competencia es que técnicamente no hay un ganador. En la mayoría de las competencias, hay un deseo por un ganador y un perdedor. Este no es el caso en este juego. La idea del juego es seguir jugando. Idealmente, el juego nunca termina. La torre crece y crece, y, aunque sería increíblemente inestable, el juego podría continuar más allá del techo y hasta las nubes.

Hay una lección que aprender con esta pequeña torre. Muchos de nosotros buscamos ser el ganador en algo. Buscamos encontrar un fin para un medio. Queremos la promoción más de lo que queremos trabajar. Queremos que nuestros niños obtengan calificaciones perfectas, pero no nos tomamos el tiempo para trabajar en su educación. Queremos tener un jardín lindo, pero olvidamos que, para obtener la recompensa del «jardín del mes», esto requerirá cuidado constante. Incluso hablamos de ponernos en forma, como si fuera una batalla temporal en contra de nuestro autocontrol, cuando cualquier entrenador físico te dirá que la salud es un estilo de vida, nada más ni nada menos.

Cuando nos tomamos el tiempo para darnos cuenta del tipo de gozo que viene de no buscar un destino, sino de enfocarnos en el viaje, podemos tener una vida más plena. Algunas veces en la vida, no hay un fin para el viaje. Algunas veces, las cosas tienen como propósito durar más allá de un tiempo específico. Así como nuestra relación con Dios, el gozo que viene de conocerlo es uno en constante crecimiento. No hay límite en cuanto a conocer a Dios. Búscalo y descubre el gozo que viene de conocerlo.

SEÑOR, ME HE ENFOCADO EN ENCONTRAR EL FIN PARA MUCHAS COSAS EN MI VIDA. RECUÉRDAME QUE NO HAY UN FIN CUANDO SE TRATA DE CONOCERTE. RECUÉRDAME QUE NUNCA VOY A CONOCERTE EN TU TOTALIDAD Y SOLAMENTE PUEDO PROFUNDIZAR EN CONOCERTE AL BUSCARTE CADA DÍA. AMÉN.

67

Cadenas de clips

**Y si por gracia, ya no es por obras; de otra manera
la gracia ya no es gracia. Y si por obras, ya no es
gracia; de otra manera la obra ya no es obra.**

ROMANOS 11:6

L a señorita Karen hace algo bastante único con sus alumnos de primer
grado. En la primaria, ella pasa todo el día con sus estudiantes. Enseña
a 22 alumnos todo el año. Se aprende sus nombres, conoce a los padres
y planea un currículo para cada materia, desde ciencia hasta ortografía. Es
buena en su trabajo en cuanto a lo académico, pero esa no es la razón por
la que los padres aman su función en la vida de los niños. Verás, a la señorita
Karen se la conoce como la «maestra clip». Así se la presenta en los eventos
escolares y así se la describen los niños a sus padres.

Este apodo comenzó unos años atrás, cuando la señorita Karen decidió
participar en un experimento durante todo el año. El experimento consistía
en comprar pequeños clips y hacer una cadena para sus estudiantes al inicio
de cada año. El experimento era sencillo. Por cada cosa buena que hacía un
estudiante, ella añadía un clip a su cadena. Por cada cosa mala que hacía un
estudiante, quitaba un clip de la cadena. Ella mantenía un conteo a lo largo
del día de cada cosa que hacían los estudiantes, aunque ellos no se dieran cuenta.
Si decían: «Sí, señorita», obtenían un clip. Si jugaban amablemente, obtenían

un clip. Si compartían su comida, obtenían un clip. Ella nunca les decía a sus estudiantes si habían obtenido un clip o no. Mantenía el conteo y añadía o borraba puntos a lo largo del día y, al final del día, al prepararse para irse, añadía los clips que correspondían a las cadenas.

La belleza de esto es que cada estudiante, sin importar qué tan molesto o irrespetuoso fuera, parecía siempre obtener uno o dos clips cada día. Al final del año, los padres verían el largo de las cadenas de los estudiantes y notarían el impacto que su hijo había tenido en su maestra. Sin embargo, sin importar qué sucediera, cada niño tenía al menos un clip por cada uno de los casi 200 días de clases.

Un padre, un poco más sincero que los demás, se preguntó cómo era que su hijo tenía una cadena de casi 300 clips de largo. La respuesta de la señorita Karen es una que todos deberíamos considerar. Ella sonrió y dijo: «El experimento original requiere dos cadenas. Una representa lo bueno y otra lo malo. Para mí, lo bueno no representa necesariamente sus actos tanto como representa quiénes son ellos para mí. Aunque los estudiantes hacen cosas malas, no cambia el hecho de que hay algo en cada uno de ellos que merece ser amado. La cadena representa los momentos en los que han mostrado ese tipo de amor a otros». En la vida, nos enfocamos mucho en nuestras acciones o trabajos para poder ganar el favor de Dios, pero no hemos sido llamados a vivir así. Dios nos sigue amando incluso cuando hacemos cosas malas e independientemente de si hacemos cosas buenas.

SEÑOR, SÉ QUE MUCHAS VECES ME ENFOCO DEMASIADO EN HACER LO CORRECTO PARA PODER GANAR TU AMOR. RECUÉRDAME CADA DÍA QUE TU AMOR NO SE GANA, SINO QUE ES ALGO QUE NOS HA SIDO OTORGADO. AMÉN.

68

Características llamativas

Así alumbre vuestra luz delante de los hombres, para que vean vuestras buenas obras, y glorifiquen a vuestro Padre que está en los cielos.

MATEO 5:16

Cuando Matías era un niño pequeño, le decían que sus ojos lo meterían en muchos problemas. Era un cumplido, claro, pero era algo que le causaba algo de timidez. Incluso su esposa admitía que había algo en sus ojos que lo hacía sobresalir. Sus ojos eran grises, pero tenían tal brillantez que muchos pensaban que eran plateados. Los hombres se impactaban y las mujeres se embelesaban cada vez que hacía contacto visual con ellos. Por esto, Matías se había vuelto algo introvertido con los años.

En su adultez, Matías desarrolló un temor subconsciente sobre sus ojos; le preocupaba que la única razón por la que las personas se interesaban en él fuera por su característica llamativa. Después de años de suponer esto, finalmente se acercó a su esposa y le habló sobre la inseguridad que sentía a causa de sus ojos. Incluso se preguntaba si se habrían casado de no ser por sus ojos. Su esposa se rio amorosamente por su autodesprecio. Ella le preguntó dónde se habían conocido. Él le respondió que se conocieron en un campamento.

«¿Qué estabas haciendo cuando te conocí?», ella le preguntó.

«Estaba jugando con mi hermano menor», respondió.

«Me enamoré de ti porque vi lo tierno y amoroso que eras con otros. Te observé por unos días después de eso desde la distancia. Estábamos demasiado lejos para que yo pudiera ver tus ojos. Lo que amo de ti es cómo amas a los demás. Podrías tener los ojos más comunes y aun así me habría impactado la manera en la que amas».

Muchas veces nos preguntamos qué es lo que Dios ha hecho en nosotros que nos hace especiales. No nos tomamos el tiempo de pensar que lo especial en nosotros no necesariamente puede verse como un rasgo físico. Muchas veces lo que nos hace en verdad especiales se encuentra en cómo interactuamos con otros. Dios nos ha hecho a cada uno de nosotros especiales en nuestra propia manera; y, para ser completamente franca, lo que nos hace en realidad llamativos no tiene nada que ver con cómo nos vemos, sino con cómo amamos. Dios no nos creó de una manera tan superficial que solo podamos ser conocidos por nuestra apariencia. Dios nos hizo para amarlo y para amar a los de nuestro alrededor. De qué maneras hacemos eso es lo que nos da el tipo de características llamativas que apuntan a Dios y a Su gloria.

SEÑOR, SÉ QUE TE HAS TOMADO EL TIEMPO DE
HACERME ÚNICA. ME LLENO DE GOZO EN SABER
QUE LO QUE ME HACE ESPECIAL NO ES SOLAMENTE
LA FORMA EN LA QUE ME VEO, SINO MÁS BIEN
CÓMO ME HAS LLAMADO A AMAR. AMÉN.

69

En un minuto

**Así también Cristo fue ofrecido una sola
vez para llevar los pecados de muchos; y
aparecerá por segunda vez, sin relación con el
pecado, para salvar a los que le esperan.**

HEBREOS 9:28

Pregúntale a cualquier niño de diez años y te dirá que esta frase es una de las mentiras más grandes de la historia. «En un minuto...» es una de esas frases que todos usamos para comunicar una cosa solamente. Estamos diciendo: «No sé cuándo volveré, pero sé que estoy haciendo todo lo posible por hacerlo». Por lo menos, eso es lo que la mayoría de los niños escuchan cuando se les dice esto.

Piensa en una ocasión en la que te hayan dicho esta frase en la infancia. Siempre había algo de frustración al no saber el momento exacto en el que volverían, pero nunca se cuestionó si volverían o no. Incluso cuando no sabíamos por cuánto tiempo se irían, siempre supimos, muy en el fondo, que papá o mamá volverían. Piénsalo: si hubiera habido un momento en el que nos cuestionáramos si nuestro ser querido volvería o no, habría sido un tiempo lleno de aprehensión y devastación constante cada vez que se fueran a hacer algo.

Me recuerda a Cristo cuando dijo que regresaría. No mencionó una fecha exacta. No se habló de la hora del día. Los discípulos simplemente recibieron una promesa de un regreso. A decir verdad, muchos de nosotros vivimos en un mundo que ha olvidado que Cristo regresará un día. Un día tendremos el gozo de ver nuevamente a Cristo. Lo único frustrante sobre esta realidad es que muchos de nosotros vivimos como si esa realidad no fuera más que un mito o una posibilidad. Muchos de nosotros olvidamos vivir como si Cristo fuera a regresar en cualquier momento.

Esto no significa que tenemos que vivir una vida de perfección ni que tenemos que aparentar. Significa vivir con el gozo de saber que vendrá el tiempo cuando estaremos cara a cara con Aquel que nos ha dado un amor perfecto. ¿Cómo podríamos vivir enojados o con actitudes legalistas cuando sabemos que Cristo podría regresar? No es como un padre que regresará a disciplinarnos por cada cosa mala que hayamos hecho. Es una reunión con el Dios que dio a Su Hijo por nosotros y que ha prometido volver. Será solo un minuto...

SEÑOR JESÚS, SÉ QUE VENDRÁ EL DÍA
EN EL QUE REGRESARÁS. PERMÍTEME
VIVIR UNA VIDA CONSCIENTE DE QUE ESE
DÍA SE ACERCA Y, EN LUGAR DE TEMER,
RECUÉRDAME VIVIR EN GOZO. AMÉN.

70

Competencias de rompecabezas

**Porque para todo lo que quisieres hay tiempo y
juicio; porque el mal del hombre es grande sobre él.**

ECLESIASTÉS 8:6

No muchas personas tienen el tipo de paciencia que se requiere para armar un rompecabezas. Todos podemos lidiar con el típico rompecabezas de 100 piezas sin mucho problema, pero hay algunos que tienen miles de piezas. Muchas familias tienen al menos un rompecabezas en su casa. Algunos tienen varios. Unos escogen armar una escena de la naturaleza, y otros escogen armar una obra de arte famosa. Cualquiera que sea el caso, poder terminar un rompecabezas requiere paciencia y perseverancia. Algo interesante que ha comenzado a ocurrir en EE. UU. es la implementación de competencias de rompecabezas. Se juntan equipos para armar el mismo rompecabezas con la esperanza de terminarlo primero.

Esta es una idea interesante porque las competencias parecieran quitar el punto de armar rompecabezas y después destruirlos. ¿Cómo pueden esperar tener paciencia cuando se les está tomando el tiempo? ¿No se supone que el propósito de un rompecabezas es ser algo relajante? Aun cuando este no pareciera ser el caso, esa es la estrategia número uno para ganar una competencia de rompecabezas: permanecer calmado y ser paciente. Aquellos que arman el rompecabezas frenéticamente terminan estresados cuando la pieza que están buscando no aparece cuando quieren que aparezca.

Cualquier competidor experimentado te dirá que la mejor forma de ganar es simplemente relajarse y reconocer que la pieza aparecerá cuando esté lista para aparecer. En lugar de preocuparse porque una pieza en específico llene tu perspectiva del rompecabezas, enfócate en el panorama más amplio y ayuda a los de tu equipo a llenar sus partes del rompecabezas.

Cuando vamos al meollo del asunto, la vida puede parecer un rompecabezas gigante que estamos compitiendo por terminar. Queremos saber cómo irán nuestros días y nos frustramos cuando nuestros planes fallan. ¿Cómo manejamos estas situaciones? Muy seguido buscamos con frenesí un plan para hacer que todo funcione como suponemos que debe funcionar. No hay lugar para el gozo en esta forma de pensar. No te enfoques en asegurarte de que cada pequeño detalle funcione como tú quieres que funcione. En lugar de eso, ten fe en saber que servimos a un Dios que conoce el rompecabezas completo y sabe cuándo y dónde caerá cada pieza.

SEÑOR, ADMITO QUE MUCHAS VECES ME ENFOCO EN ASEGURARME DE QUE HAYA UN PLAN. PERMÍTEME DEJAR IR LA IDEA DE QUE CADA DETALLE NECESITA CAER EN SU LUGAR. RECUÉRDAME QUE TÚ ERES DIOS, QUE HAY UN PLAN Y QUE NO TENGO QUE CONOCER CADA PIEZA DEL ROMPECABEZAS. AMÉN.

71

El viaje misionero

**Reconócelo en todos tus caminos,
y él enderezará tus veredas.**

PROVERBIOS 3:6

Cuando se trata de planear, Janet es lo que llamarías una perfeccionista. No hay lugar para el error en su plan. No le gustan los cabos sueltos y odia escuchar: «Todo va a salir bien». Cuando hace un plan, se apega a él. No le gusta desviarse. Como directora de misiones, se ha dado cuenta de la importancia de planear. Algo que ha admitido de ella misma, sin embargo, es que no es aficionada a un plan con muchas partes en movimiento. Ha inventado una frase en sus juntas de personal: «Mientras más partes tenga una máquina, más tendrás que arreglar». Debido a esta forma de pensar, ella se ha mantenido en una zona de confort en su ministerio.

Su zona de confort es el continente americano. Está perfectamente de acuerdo en ir a cualquier lugar en este lado del primer meridiano. Ella ha servido en la parte norte de Canadá y en el sur de Argentina. Ha desarrollado contactos por todo el hemisferio occidental a lo largo de los años que ha viajado a estos lugares. Por esta razón, su planeación es bastante relajada. Ella llama a los pastores, hace itinerarios, establece planes de pago, compra boletos y después se va. Normalmente sus viajes misioneros fluyen sin muchos problemas. El que estaba por suceder, sin embargo, no fue así.

Durante su último viaje, la invitaron a liderar su primer viaje misionero en África. Aunque ya había ido a África, nunca había estado en el continente con un rol de liderazgo. Eso la frustraba mucho. Nunca había planeado un viaje a esta parte del mundo. No tenía contactos. No tenía un contexto cultural para poder entender los sucesos de cada día. Para ella sería una pesadilla armar el plan y, lo que es aún peor, su hijo tuvo la audacia de decir: «Todo va a salir bien». Justo cuando estaba por decirle lo que pensaba, su hijo preguntó con una sonrisa inocente: «¿Nos permitiría Dios ir a una misión si no se supone que debamos estar ahí?».

Sin importar lo frustrada que se sentía con esa declaración, tuvo que admitir la verdad en esas palabras. Muchos de nosotros, cuando hay algo fuera de nuestra zona de confort, creemos que debe ser clasificado como algo malo. No siempre es así. No hemos sido llamados a estar cómodos. El cristianismo nunca ha prometido un estilo de vida de club social, pero sí promete un gozo al final de la dificultad. Años después, Janet iría a su quinto viaje a África. Su hijo estaba sirviendo allá de tiempo completo y ella no podía estar más feliz por lo que Dios había hecho con su familia durante ese primer viaje a África.

PADRE, SÉ QUE MUCHAS VECES EVITO LAS SITUACIONES QUE SERÁN INCÓMODAS. SÉ QUE ESOS MOMENTOS VENDRÁN A MI VIDA. PERMÍTEME SALIR ADELANTE EN ESOS MOMENTOS Y RECONOCER EL GOZO QUE VIENE DE ELLOS. AMÉN.

72

La sección de luces

**Porque así nos ha mandado el Señor, diciendo:
te he puesto para luz de los gentiles, a fin de que
seas para salvación hasta lo último de la tierra.**

HECHOS 13:47

Al ir creciendo, ocurre un fenómeno. Cuando crecemos, hay ciertas tiendas que pierden su esplendor y otras que parecen interesarnos, siendo que no nos gustaba ir a ellas cuando éramos pequeños. Los varones usualmente pasan de tiendas de juguetes a tiendas de dispositivos electrónicos, de deportes o de herramientas. Sin importar qué tan grandes sean, los varones parecen nunca perder su amor por los juguetes. Simplemente crecen con sus juguetes. Las niñas cambian de ropa cada temporada, la cual dura solo el tiempo que permanece en los estantes de las tiendas, y pasan a modas clásicas o de acuerdo a su personalidad. Pero algo que ha captado la atención de ambos sexos son las tiendas de mejoras para el hogar. Después de todo, tienen todos los juguetes que un varón pudiera querer y ofrecen la oportunidad de expresar un sentido de estilo que atrae a las mujeres.

Algo que ambos sexos disfrutan es la sección de luces. Sin importar la edad, esa es la sección que capta la atención de la mayoría de los compradores. La razón obvia de esto es por el hecho de que no puede pasar desapercibida. Así como las polillas, muchos de nosotros andamos a la deriva hasta llegar a esa sección en la tienda para ser testigos de las diferentes variedades de luces que se ofrecen. Algunas son para ocasiones de luz tenue, ya que permiten solo la suficiente luz para llenar el cuarto, sin molestar a los ojos de los que se han ajustado a la oscuridad de la madrugada o de la media noche. Otras resplandecen con tal brillantez que llenan los cuartos con tanta luz que casi se parece a la del sol.

Cualquiera que sea la ocasión para la que se necesite cierta calidad de luz no es el punto aquí. El punto es la realidad de ser atraídos a la luz. Todos nosotros tenemos algún tipo de deseo especial de buscar la luz. Cuando hay luz disponible, automáticamente hay un sentido de paz y gozo en reconocer que la oscuridad no tiene el control de nuestros sentidos.

Cada uno de nosotros que conoce a Cristo tiene una luz para compartir. Es algo que muchos pueden reconocer. Piensa en aquellos sobre quienes no tienes que preguntarte si conocen a Cristo o no. ¿Cómo es que sabemos sin preguntarles? ¿Podría ser que existe un sentido sobrenatural para reconocer la luz de aquellos que la dejan brillar? Hay gozo en encontrar luz, pero hay un gozo mayor cuando la compartimos con otros. La Biblia es clara cuando dice que no escondamos nuestra luz. No es solo un mandamiento, sino que también nos alienta a conocer el tipo de gozo que viene de permitir que brille.

SEÑOR, RECUÉRDAME CADA DÍA COMPARTIR CON OTROS LA LUZ QUE TÚ ME HAS DADO. SÉ QUE HAY MOMENTOS EN LOS QUE ME PERMITO ESCONDER MI LUZ. NO ME PERMITAS TENER ESTA MENTALIDAD. RECUÉRDAME EL GOZO QUE VIENE DE VER LA LUZ DE OTROS Y RECUÉRDAME EL GOZO QUE VIENE DE PERMITIR QUE MI LUZ BRILLE. AMÉN.

73

Lágrimas de gozo

Y estos eran más nobles que los que estaban en Tesalónica, pues recibieron la palabra con toda solicitud, escudriñando cada día las Escrituras para ver si estas cosas eran así.

HECHOS 17:11

La mayoría de los hombres admitirán que no saben exactamente qué hacer cuando están en la presencia de una mujer que llora, más que todo porque suponen que han hecho algo mal. Y, aunque no siempre es el caso, muchas mujeres aceptan que existe la posibilidad de que ellos hayan manejado mal la situación o hayan olvidado algo de mucha importancia. De vez en cuando, sin embargo, ellos harán algo tan bien que causará que una mujer llore. Este es un misterio para los hombres cuando han hecho algo inadvertidamente.

La mayoría de los hombres pueden pensar en algo que han hecho para ocasionar lágrimas en los ojos de una mujer de manera positiva. Tal vez hayan alcanzado un nuevo nivel de romance en la forma de una propuesta. Tal vez encontraron un regalo que habían querido por meses, pero suponían que no podrían conseguir. Tal vez dijeron algo conmovedor en los votos matrimoniales. Todo esto, sin embargo, toma mucho esfuerzo, pero pregunta a cualquier esposo y probablemente recordará alguna vez en la que hizo algo tan maravilloso sin pensarlo que tuvo que cuestionarse si había cometido un error o no.

Las esposas suelen decir que las cosas pequeñas son las que importan, y hay una gran verdad en esto. Sí, todas disfrutamos detalles elaborados de vez en cuando, pero estos muchas veces muestran que el pensamiento y amor detrás de ellos fue intencional y, algunas veces, poco natural. Las esposas hablan sobre el nivel de gozo que sienten cuando ven a sus esposos jugar con los niños, en lugar de descansar en el sillón. Hacen hincapié en la calidez en su corazón cuando encuentran una nota esmerada e inesperada. Algunas veces es lo suficiente para traer lágrimas a sus ojos cuando vuelven a casa y se dan cuenta de que ya se realizaron todas las labores del hogar, se cocinó la cena o los niños están haciendo la tarea. Esto revela que el gozo no siempre se trata de grandes gestos de amor. La mayoría de las veces simplemente se lleva a cabo siendo considerado. El gozo del Señor es igual.

No siempre se trata de tomar días del trabajo para ir a un viaje misionero ni se trata de dar grandes cantidades de riquezas a la iglesia. Estas son cosas maravillosas, pero puedes encontrar el mismo tipo de gozo al leer tu Biblia cada día, al pasar tiempo con Dios en oración diariamente o al tener una comunión regular con otros cristianos. Muchas veces nos daremos cuenta de que el gozo no es algo que se descubre solamente en los momentos grandes; también se encuentra en los momentos cotidianos donde escogemos ese gozo.

SEÑOR, SÉ QUE HAY MOMENTOS EN LOS QUE ME ENFOCO MUCHO EN ENCONTRAR EL GOZO EN LOS MOMENTOS GRANDES. SOY CULPABLE DE SENTIR QUE SOLAMENTE PUEDO ENCONTRAR GOZO EN ESOS MOMENTOS IMPORTANTES. RECUÉRDAME QUE EL GOZO ES UNA ELECCIÓN DIARIA Y QUE ESA ELECCIÓN DIARIA ERES TÚ. AMÉN.

74

Cortes de cabello

**Les dijo también: ¿Quién de vosotros que tenga
un amigo, va a él a medianoche y le dice: amigo,
préstame tres panes, porque un amigo mío ha venido
a mí de viaje, y no tengo qué ponerle delante; y
aquel, respondiendo desde adentro, le dice: no me
molestes; la puerta ya está cerrada, y mis niños están
conmigo en cama; no puedo levantarme, y dártelos?
os digo, que aunque no se levante a dárselos por
ser su amigo, sin embargo por su importunidad
se levantará y le dará todo lo que necesite.**

LUCAS 11:5–8

Jorge tiene algo parecido a una maldición. Pareciera que siempre es un mal día para su cabello. De hecho, se ha convertido, hasta cierto punto, en su marca característica. Las personas usualmente pueden saber si es él o no solo con ver el cabello mal cortado saliendo de su cabeza. Como nunca se queja de eso, el tema de su cabello no sale en las conversaciones. Las personas suponen que es una de esas personas a las que no les importa su cabello o que ya se rindió hace mucho tiempo. Algo interesante es que algunas personas que lo han conocido por mucho tiempo dicen que solía ser mucho peor. Finalmente, en un intento disimulado por tratar de encontrar el origen de su estilo de cabello, un compañero le preguntó dónde se había cortado el cabello.

Jorge sonrió y sin titubear preguntó: «¿Se ve tan mal?». Mientras sus amigos intentaban reafirmar que su cabello no se veía tan mal, él ignoró sus intentos fallidos de hacerlo sentir mejor y dijo: «Mi esposa me corta el cabello...».

El silencio invadió el lugar. No sabían cómo responder a eso. ¿Cómo podían decirle amablemente que su esposa no sabía cortar el cabello? Jorge pudo ver la tensión llenar la mesa y soltó la carcajada. Cuando vio que todos seguían confundidos dijo: «Mi esposa está estudiando para ser estilista. Cuando tuvimos hijos, tuvo que poner sus metas en pausa para cuidar de los niños y yo tuve que tomar algunos turnos extra en el trabajo. No teníamos dinero para comprar libros o videos que le enseñaran los detalles. Así que necesitaba un maniquí para practicar. Yo soy ese maniquí de práctica».

Muchas veces olvidamos lo que yo llamo el gozo de la inconveniencia. Muchas veces, cuando servimos a otros, intentamos hacerlo en nuestros propios términos. Tratamos de que encaje de forma que lo que estemos haciendo nos sirva a nosotros tanto como a los demás. No nos damos cuenta de que ese servicio algunas veces viene con un sentido de inconveniencia. Puede costarnos tiempo, dinero y, a personas como Jorge, ¡incluso nuestro cabello! ¿Significa esto que nuestro servicio no vale la pena? ¿Quiere decir que no hay gozo cuando nos sacrificamos por el bien de los demás? Jorge, por el bien de su esposa, dice con gusto sobre su cabello: «Es fácil sacrificar un poco de cabello por la mujer que amo mucho».

SEÑOR, MUCHAS VECES OLVIDO QUE HAY GOZO
EN LOS MOMENTOS DE SERVICIO. LA RAZÓN ES
QUE ME ENFOCO EN LAS COSAS QUE PERDERÉ.
AYÚDAME A ENFOCARME EN AQUELLOS A LOS QUE
SIRVO EN LUGAR DE ENFOCARME EN EL SACRIFICIO
QUE HAGO DURANTE EL SERVICIO. AMÉN.

75

«*Probablemente debería...*»

**La integridad de los rectos los encaminará; pero
destruirá a los pecadores la perversidad de ellos.**

PROVERBIOS 11:3

Todos lo hemos dicho. Quizás no hayamos estado hablando de lo mismo
ni lo hayamos dicho al mismo tiempo, pero todos hemos comenzado
una oración con «Probablemente debería...». Algunas veces puede decirse en
relación a nuestra salud. Algunas veces puede decirse sobre nuestra carrera
profesional. Otras veces puede decirse para describir nuestras relaciones.
Cualquiera que sea el caso, la pequeña frase: «Probablemente debería...» es
el reconocimiento de algo vital para nuestras vidas.

En este punto quizás te estés preguntando qué tiene que ver esto con
el gozo. Después de todo, admitir que probablemente debamos hacer algo
es casi admitir que renunciamos al gozo. Pienso que no es necesariamente
el caso. Consideremos nuestra salud, por ejemplo. Cuando decimos que
probablemente deberíamos comenzar a hacer ejercicio o comenzar a comer
cosas más saludables, no estamos diciendo que no tenemos gozo respecto a
nuestra salud actual. Si así fuera, ¿por qué habría alguna necesidad de cambio si estuviéramos felices con la forma en la que nos vemos o nos sentimos?
Cuando decimos que probablemente deberíamos ponernos a trabajar, estamos reconociendo que habría cierto nivel de gozo perdido si no nos tomamos

el tiempo de trabajar para aquellos que necesitan de nuestra provisión. Y, cuando admitimos que probablemente deberíamos ir a casa y pasar tiempo con nuestras familias, estamos reconociendo que hay un gozo que se perderá si no volvemos con nuestros seres queridos.

El punto de «Probablemente debería...» no es una renuncia al gozo. De hecho, es lo opuesto. Es apropiarnos del gozo. Es dejar nuestras circunstancias actuales y movernos a un lugar de gozo verdadero. Cuando decimos: «Probablemente debería...», no estamos diciendo que nuestra vida es como queremos que sea, pero tenemos que renunciar a eso para obtener una clase de gozo mayor. La idea no tiene mucho sentido. Si es por el bien mayor, entonces ¿por qué no daríamos ese paso para obtener gozo? Así que ve al gimnasio, come saludable, trabaja duro, provee para tu familia, pasa tiempo con tus hijos, ama a tu esposo. No lo hagas porque *probablemente deberías* hacerlo. Hazlo por el gozo.

SEÑOR, SÉ QUE HE HECHO MUCHAS COSAS CON UNA ACTITUD DE QUE «PROBABLEMENTE DEBERÍA» HACERLAS. SÉ QUE SOY CULPABLE DE TENER ESTA MANERA DE PENSAR. PERMÍTEME RECONOCER EL GOZO DE LUCHAR POR LO BUENO. AMÉN.

76

Entrenado en lo clásico

**Pero tú habla lo que está de acuerdo
con la sana doctrina.**

TITO 2:1

Una de las cosas más prominentes que uno puede decir en la comunidad de la música es si ha recibido entrenamiento en la música clásica. Muchos músicos hoy en día pueden tener cierto nivel de experiencia en su música, pero la mayoría no puede ostentar la experiencia de haber aprendido música clásica. Muchos músicos aprenden a través de la escuela de la prueba y el error, experimentando con diferentes sonidos de manera repetitiva hasta que simplemente se aprenden las notas de oído. Algunos nunca aprenden la jerga técnica asociada con el mundo musical, pero pueden tocar con tanta habilidad como un músico entrenado. Entonces, ¿por qué el hecho de estar formado en la música clásica es una cualidad solicitada en los músicos? ¿Por qué es tan importante que los músicos tengan el entrenamiento apropiado? Si un músico cuyo aprendizaje se ha obtenido de oído puede tocar la misma música, ¿por qué debería haber alguna diferencia?

Bueno, la realidad es que el entrenamiento de una persona comunica algo. Comunica que, en lugar de acomodar sonidos y descubrir qué sonidos combinan y funcionan de la mejor manera, hay un aprendizaje más profundo que se llevó a cabo, lo cual permite que un músico entienda la música sin tener que tocarla. Puede tomar una partitura y leerla en su mente, teniendo una idea clara de cómo debe sonar la música incluso antes de comenzar a tocar su instrumento o cantar.

Hay gozo cuando tienes la certeza de conocer de lo que estás hablando. La Biblia es similar en ese sentido. Muchos de nosotros nos conformamos con saber algunos versículos esporádicos de la Biblia y pretender que son suficientes para comunicar cierta profundidad de conocimiento bíblico. Permitimos que estos versículos tengan prioridad sobre la lectura de la Biblia. Cuando nos conformamos con este tipo de aprendizaje de la Escritura, nos perdemos de un entendimiento más profundo de lo que la Palabra de Dios realmente dice. Entendemos cosas como que Filipenses 4:13 no habla de lograr lo imposible, sino más bien son palabras de aliento para una persona en la cárcel. Aprendemos que el Antiguo Testamento no solo contiene historias antes de Cristo, sino que nos damos cuenta de que es una colección de palabras que apuntan a Cristo.

No te conformes con simplemente memorizar versículos de tu clase bíblica. La memorización es una práctica muy buena, pero existe mucho más en la Biblia que solo escoger versículos y aplicarlos a nuestra vida diaria. Toma el tiempo de realmente estudiar la Palabra; hay gozo que va más allá de solo leer uno o dos versículos.

SEÑOR, ADMITO QUE HAY MOMENTOS EN LOS QUE ME HE CONFORMADO CON SOLO VER UN VERSÍCULO O DOS Y TOMARLOS COMO MI TIEMPO DE ESTUDIO BÍBLICO. RECUÉRDAME SOBRE LA RIQUEZA DE TU PALABRA. PERMÍTEME SIEMPRE ENCONTRAR EL TIEMPO PARA PASARLO EN TU PALABRA. AMÉN.

Buenos días, hermano

Él les respondió diciendo: ¿Quién es mi madre y mis
hermanos? Y mirando a los que estaban sentados
alrededor de él, dijo: He aquí mi madre y mis
hermanos. Porque todo aquel que hace la voluntad de
Dios, ese es mi hermano, y mi hermana, y mi madre.

MARCOS 3:33–35

Cuando Juan era adolescente, no sabía qué pensar de la iglesia. Era algo muy extraño para él. Después de todo, ¿por qué alguien en su sano juicio renunciaría a su tiempo libre el fin de semana para juntarse en un edificio y escuchar sobre un hombre que vivió hace 2000 años? No tenía sentido. Al ser criado en el sur, Juan de hecho tenía un entendimiento cultural de quién era Jesús. Supuestamente era el Hijo de Dios. Vivió una vida perfecta y murió en la cruz por nuestros pecados, lo que sea que signifique eso. Y, como estas eran frases y palabras que él había escuchado la mayor parte de su vida de personas que lo invitaban a la iglesia y de sus amigos cristianos, esas palabras habían perdido su significado. Él podía recordar un tiempo cuando estas palabras significaban algo más. Recordaba un tiempo cuando esas palabras tenían cierto misterio, pero como todas las cosas, con el tiempo, había perdido el interés.

Algo que nunca pudo comprender, sin embargo, fueron los vínculos familiares con la iglesia. Personas desconocidas siempre lo saludaban de la misma manera cada vez que entraba al edificio de la iglesia. Siempre recibía un «Buenos días, hermano» de las personas que lo habían conocido un poco desde su primera visita. Él sabía que no había relación familiar entre las personas que lo saludaban, pero había algo especial sobre la forma en la que se interesaban unas por otras.

Finalmente, después de meses de asistir, fue con el pastor después de la iglesia y le preguntó: «¿Por qué todos se dicen hermano o hermana?». La respuesta del pastor es algo que Juan repite hasta este día: «Los que conocen a Cristo son parte de una familia que va más allá de la casa. Sé que no conoces a Cristo, pero sabe que, cuando estás aquí, siempre serás tratado como familia».

Muchos de nosotros nos olvidamos del gozo de ir a la iglesia. Podemos pensar que la iglesia se trata solamente de adorar al Señor. Este sí es un objetivo principal, pero una de las ventajas es ser parte de una familia. Sin importar quién seas, de dónde vengas o qué hagas, siempre hay un gozo en saber que estás con familia, porque eres parte de la familia de Cristo.

SEÑOR, GRACIAS POR MI FAMILIA DE LA
IGLESIA. GRACIAS POR PONER A PERSONAS
EN MI VIDA, A QUIENES PUEDO CONOCER
PROFUNDAMENTE, INCLUSO MÁS QUE UNA
AMISTAD O QUE CONOCIDOS DE IGLESIA.
PUEDO CONOCERLOS COMO FAMILIA. AMÉN.

El eco

Porque de tal manera amó Dios al mundo, que ha dado a su Hijo unigénito, para que todo aquel que en él cree, no se pierda, mas tenga vida eterna.

JUAN 3:16

Cada año, el pastor de una iglesia pequeña en una comunidad rural invita a un pastor externo a participar en una reunión de avivamiento de la iglesia. Para aquellos de ustedes que no recuerdan qué son esas reuniones, las reuniones de avivamiento solían ser una práctica muy común. Las tácticas pueden variar de pastor a pastor, pero esencialmente una iglesia abre sus puertas cada noche de la semana y se comparte un mensaje. Hoy en día, con las redes sociales, las actividades extracurriculares y el tiempo extra en el trabajo, parecería que ese tipo de reunión sería imposible. Aun así, el mensaje es relativamente el mismo, sin importar a qué iglesia asistas. El mensaje es que eres amado. Dios te amó tanto que envió a Su único Hijo a morir por ti y tus pecados. Él conquistó la muerte, y las cadenas del pecado ya no nos tienen atrapados.

Tan lindo como parece ser el sentimiento, si estás leyendo este devocional, probablemente ya conoces todo esto. Así que, ¿por qué mencionarlo? Bueno, por más que odiemos admitirlo, algunas veces olvidamos esta realidad. Obviamente, conocemos Juan 3:16. No es algo que hayamos necesariamente olvidado, pero la realidad es que algunas veces necesitamos un recuerdo. Todos sabemos que Dios nos ama. Ese es un hecho, pero muchas veces olvidamos cuánto. Olvidamos la magnitud del mensaje detrás de Juan 3:16. Olvidamos que Dios Padre dio a Su único Hijo por nuestros pecados. Él no hizo esto porque somos criaturas extremadamente adorables. Dios nos dio a Su Hijo por el hecho de que Él es la definición del amor.

Cuando tomamos en cuenta la profundidad de un amor como ese, ¿cómo podemos responder con algo menos que gozo y adoración? Cada año cuando el pastor se va para hacer en un avivamiento, hay una conversación de por qué la iglesia eligió hacer un servicio cada noche. Un pastor ha dado probablemente la mejor respuesta. De acuerdo con él, «algunas personas son clavos. ¿Cuántas veces se ha logrado clavar un clavo en la madera en el primer martillazo? Por más que odiemos admitirlo, algunas personas necesitan un golpeteo repetitivo para que el mensaje del evangelio penetre».

SEÑOR, GRACIAS POR ENVIAR A TU HIJO A
MORIR POR MIS PECADOS. ALGUNAS VECES
OLVIDO LOS MENSAJES QUE APRENDÍ DE NIÑA.
RECUÉRDAME CONSTANTEMENTE TU BONDAD,
SEÑOR, Y PERMÍTEME SIEMPRE ENCONTRAR
EL TIEMPO DE SER RECORDADA DE QUE TÚ
ENVIASTE A TU HIJO A MORIR POR MÍ. AMÉN.

79

Clima local

**Estas cosas os he hablado para que en mí
tengáis paz. En el mundo tendréis aflicción;
pero confiad, yo he vencido al mundo.**

JUAN 16:33

En cada casa, se escucha algún tipo de medio de comunicación en el ambiente de la vida diaria del hogar. En algunas casas, es el sonido de canciones de diversas aplicaciones de música. En otras, pueden escucharse las noticias, que informan sobre todas las catástrofes que están sucediendo en el mundo. En algunas, sin embargo, se escucha el clima local. Se disfruta la música suave de fondo que se escucha con el pronóstico del tiempo. Las personas suelen sentirse mejor acerca de las tormentas cuando saben que vienen y tienen mucho tiempo para prepararse.

Una pareja mayor ha desarrollado amor por el meteorólogo en las noticias locales. Sintonizan las noticias para ponerse al día con lo que está sucediendo en su área, pero no dudarán en decirte cuánto aman al meteorólogo. Sin importar si el clima es bueno o malo, si estará lluvioso o soleado, con sol o tormenta, el meteorólogo siempre da las noticias de una manera que casi se siente personal. «Él nos trata como familia...», dice la señora de 75 años.

Lo que ellos aman de estos individuos es cómo manejan las noticias de tormentas que se avecinan. Al vivir en el sureste de EE. UU., la familia no se intimida por los fuertes vientos, pero de vez en cuando una tormenta tiene las condiciones para inquietarlos un poco. Los vientos fríos se combinan con las condiciones cálidas de los meses de verano y los tornados se predicen inevitablemente. Muchos en el área consideran estas tormentas como parte de vivir en el área, pero hay algunos a los que se les hace difícil lidiar con ellas.

Aquí es donde el meteorólogo se vuelve tan importante para estas familias. Él informa a las familias sobre cada pequeño detalle que sucede con la tormenta y les dice cuándo tomar precauciones especiales. Va de un lugar a otro para documentar lo que pasa fuera para que las personas se den una idea clara de lo que está sucediendo. Como meteorólogo, hace un muy buen trabajo. Y aunque es muy bueno en su trabajo, esto no es lo que lo hace especial. Lo que lo hace una figura especial en muchas casas es su actitud en las tormentas. No importa qué tan mal se pongan las cosas o qué tan fuerte vengan los vientos y las lluvias: el meteorólogo siempre se asegura de que sepan que las tormentas son temporales. Sin importar qué tan mal se ponga, pasará.

Muchos de nosotros olvidamos esta realidad. Nos permitimos pensar que lo malo llegó para quedarse. Por esta razón, dejamos que tanta negatividad tome una residencia permanente en nuestros corazones. Incluso después de que la situación ha pasado, muchas veces nos enfocamos en la negatividad que surgió de eso. No hemos sido llamados a vivir así. No hay gozo en este estilo de vida. Deja ir la frustración y sabe que cada tormenta, sin importar qué tan terrible sea, pasará.

SEÑOR, GRACIAS POR ESTAR CONMIGO DURANTE LOS TIEMPOS DIFÍCILES DE MI VIDA. SÉ QUE MUCHAS VECES ME ENFOCO EN LA NEGATIVIDAD QUE VA Y VIENE O QUE SIGUE VINIENDO. PERMÍTEME PODER RECONOCER QUE CADA TORMENTA PASARÁ Y QUE TÚ ERES ETERNO. AMÉN.

80

Perdido

Y él os dio vida a vosotros, cuando estabais
muertos en vuestros delitos y pecados, en los
cuales anduvisteis en otro tiempo, siguiendo la
corriente de este mundo, conforme al príncipe de
la potestad del aire, el espíritu que ahora opera
en los hijos de desobediencia, entre los cuales
también todos nosotros vivimos en otro tiempo en
los deseos de nuestra carne, haciendo la voluntad
de la carne y de los pensamientos, y éramos por
naturaleza hijos de ira, lo mismo que los demás.

EFESIOS 2:1–3

Una de las cosas más difíciles de entender para muchos creyentes nuevos es la idea de que estaban perdidos antes de conocer a Cristo. Muchos de nosotros hemos estado perdidos en un viaje y nos frustra saber que no estamos donde deberíamos estar. Tal vez deberías haber girado a la izquierda en lugar de a la derecha. Tal vez no seguiste completamente bien las direcciones que te dieron. Tal vez manejaste hacia el sur en lugar de ir hacia el este. Cualquiera que sea el caso, todos sabemos cuándo estamos perdidos y normalmente, antes de darnos cuenta, luchamos para asegurarnos de que el camino que hemos escogido sea el camino correcto.

Así que, cuando venimos a Cristo, no nos sorprende saber que hay personas con esa mentalidad. Muchos, en sus primeros pasos con Cristo, admiten que estaban perdidos, pero tienen la idea de que estaban tan solo un poco perdidos, como si estuvieran muy cerca del cielo y solo debieran girar a la izquierda en lugar de a la derecha. Suponen que, por haber sido amables, buenas personas o por haber hecho cosas buenas, habrían podido alcanzar el cielo por sí mismos, si no fuera por esos pequeños pecados molestos. Hay mucha arrogancia en este tipo de pensamiento.

La realidad es que todos nosotros estábamos totalmente perdidos antes de aceptar a Cristo como nuestro Salvador. No importa quienes pueden haber estado más cerca del cielo. Llegar al cielo se parece a viajar hacia el sol. No importa qué tan cerca de Dios estés en esta tierra; sin Su gracia todavía estás irremediablemente perdido, moviéndote sin rumbo en el mundo buscando los secretos celestiales en un mundo caído.

Con ese pensamiento, encontramos una verdad que nos humilla, pero descubrimos un gozo inmenso. Somos humillados por el hecho que lo mejor que ofrece la humanidad es un humano caído. No importa cuánta Escritura memoricemos o cuántos hechos buenos hagamos; nuestro esfuerzo no es lo que nos lleva a la presencia de nuestro Padre amado. La gracia de Dios es la que remueve nuestra perdición porque hemos sido hallados. Ya no estamos perdidos y podemos ver a Dios y Su amor con nosotros, guiando nuestros pasos cada día.

SEÑOR, HAY MOMENTOS EN LOS QUE ME GUSTA PRETENDER QUE TENGO TODO BAJO CONTROL. SUPONGO QUE HAY ALGO QUE YO PUEDO HACER QUE DE ALGUNA MANERA ME TRAERÁ MÁS CERCA DE TI. SEÑOR, SÉ QUE ES TU GRACIA, AMOR Y MISERICORDIA QUE ME ADMITE A TU PRESENCIA. PERMANECE CONMIGO, SEÑOR, Y GUÍAME CADA DÍA. AMÉN.

¡Ve!

**Y les dijo: Id por todo el mundo y predicad
el evangelio a toda criatura.**

MARCOS 16:15

Hay una iglesia en un pueblo pequeño de Georgia que hace las cosas un poco diferente de la mayoría. El 4 de julio, como en la mayoría de los pueblos pequeños de EE. UU., es un evento importante. Cada organización participa en las festividades del pueblo. Muchas de las iglesias se juntan y enarbolan la bandera estadounidense desde sus tiendas para demostrar su apoyo a las festividades del pueblo. También es una oportunidad increíble para acercarse a la comunidad. El problema con esto es que todas las tiendas se ven iguales. Cada iglesia inevitablemente se mezcla con los bancos, las tiendas comerciales, los restaurantes y la cámara de comercio.

Esencialmente, una persona tiene que caminar hasta una tienda para encontrar información sobre la iglesia en particular. Tiene que entrar a las tiendas para poder aprender algo sobre la iglesia. Esta estrategia, especialmente cuando consideras que las tiendas idénticas están alineadas, puede parecer algo inefectiva para acercarse a la comunidad. Esta es una de las razones por las que la mayoría de las iglesias en el pueblo se esfuerzan por hacer que el interior de sus tiendas sea espectacular, con juegos, premios y folletos de información de la iglesia. La verdad es que es muy llamativo, pero da la impresión de superficialidad.

Esta es una de las razones por las que la iglesia que mencionamos ha abandonado la idea de poner una tienda para el festival. En lugar de rentar un espacio para una tienda, preguntaron si podían ser «ambulantes». El pueblo no entendió exactamente a qué se referían. Estoy segura de que el alcalde supuso que simplemente caminarían por el pueblo con sus camisas de la iglesia, repartiendo folletos o algo parecido. Lo que no esperaban fue que implementaran el uso de carritos. En lugar de poner una tienda llena de cosas con información de los ocho ministerios que tenían en la iglesia, pusieron ocho carritos para cada ministerio que paseaban alrededor de la plaza central. La táctica tuvo un éxito enorme.

Cuando los demás pastores se le acercaron al pastor y le preguntaron por qué había decidido implementar la idea de los carritos, su respuesta fue bastante sencilla. Les dijo a los demás pastores: «Cada uno de nosotros conoce la realidad de lo que la Biblia nos ha mandado hacer y, aun así, muchos de nosotros decidimos hacer exactamente lo opuesto. Se nos ha mandado a "ir". Hacemos nuestras iglesias más cómodas y las llenamos con muchos programas para atraer a las personas, pero ¿qué estamos haciendo para ir?».

El siguiente año, hubo una nueva regla en contra de los puestos ambulantes. Si querías participar, necesitabas poner una tienda, pero algo era diferente. Las tiendas seguían ahí, pero ya no estaban llenas de miembros de la iglesia. En lugar de eso, encontrabas un par de miembros del personal y tal vez una o dos personas del liderazgo, pero fuera de la tienda encontrarías a miembros de la iglesia, conectando con la comunidad.

SEÑOR, RECUÉRDAME EL GOZO QUE SE ENCUENTRA
EN IR. PERMÍTEME ENCONTRAR OPORTUNIDADES
EN EL MUNDO DONDE MI ENFOQUE ESTÉ EN TI
Y EN TRAER PERSONAS A CONOCERTE. AMÉN.

82

Hijos buenos

He aquí, herencia de Jehová son los hijos; cosa de estima el fruto del vientre. Como saetas en mano del valiente, así son los hijos habidos en la juventud. Bienaventurado el hombre que llenó su aljaba de ellos; no será avergonzado cuando hablare con los enemigos en la puerta.

SALMOS 127:3-5

Dos hermanos jóvenes estaban sentados ante su madre y padre durante las fiestas decembrinas. Por más que odian admitirlo ante sus padres, no tienen todos los aspectos de su vida resueltos. Estaban batallando para pagar sus cuentas a tiempo, se esforzaban ser buenos esposos y se estaban preparando para las responsabilidades próximas de ser padres. Cuando se sentaron a la mesa con sus esposas para cenar, uno de ellos finalmente les preguntó a sus padres: «Mamá, papá, ¿cuándo se dieron cuenta de que se habían convertido en adultos exitosos? Siento que ustedes siempre tenían las cosas bajo control cuando nos criaron. ¿Se dieron cuenta antes o después de tener hijos?».

Los dos jóvenes comenzaron a debatir sobre qué sucedía primero. El menor argumentaba que uno se da cuenta que se ha convertido en un hombre exitoso cuando nace un hijo, mientras que el mayor pensaba que se obtenía durante la preparación para tener el hijo. El padre le sonrió a su esposa mientras ambos escuchaban a sus hijos debatir como lo hacían de pequeños. Después de momentos de conversación mezclados con críticas y comentarios sarcásticos, finalmente se cansaron y le preguntaron a su padre cuál era la respuesta correcta.

La madre y el padre se miraron y se susurraron algunas cosas al oído mientras los jóvenes esperaban ansiosamente escuchar cuál era la respuesta correcta. Después de unos momentos de tensión, el padre finalmente miró a sus hijos y dijo: «Nunca sabrás si eres un adulto exitoso hasta que observes el resultado de las personas a las que has influenciado. No sucede cuando te enteras de que tu esposa está embarazada. No sucede cuando nace tu hijo. No sucede cuando tu hijo se gradúa del preescolar, la secundaria, la preparatoria o la universidad. No sucede cuando tu hijo tiene un hijo. El momento en el que te das cuenta que has sido un adulto exitoso es cuando ves que tus hijos se preocupan por los demás, aman a sus esposas y quieren saber cómo ser mejores. Así que... supongo que podríamos decir que en este momento me estoy dando cuenta».

Muchos de nosotros buscamos constantemente el éxito. Intentamos averiguar cuáles son los pasos correctos a seguir. Un hombre sabio dijo una vez que aquellos que son exitosos están demasiado ocupados para buscar el éxito. Esta no es una exhortación a estar ocupados, pero apunta a la idea de darte cuenta que, si estás haciendo lo que debes estar haciendo, el gozo del éxito vendrá por sí solo. No tienes que buscarlo.

SEÑOR, GRACIAS POR LOS MOMENTOS EN MI VIDA QUE HAN SIDO EXITOSOS. SÉ QUE HAY MOMENTOS EN LOS QUE ME ENFOCO EN EL SIGUIENTE PASO Y OLVIDO SER AGRADECIDA POR LO QUE ESTÁ SUCEDIENDO EN EL PRESENTE. RECUÉRDAME PENSAR EN LO QUE TÚ ME HAS DADO HOY Y PERMITE QUE MAÑANA SEA TAN SOLO ESO, MAÑANA. AMÉN.

83

La hora de las historias

**Así que la fe es por el oír, y el oír,
por la palabra de Dios.**

ROMANOS 10:17

Pedro había llevado una vida de aventurero. Viajó por el mundo con el ejército. Aprendió varios idiomas mientras estuvo en el campo misionero. Vio algunas de las maravillas antiguas del mundo. Escaló montañas, nadó por los mares más profundos, saltó de acantilados e incluso tuvo varios encuentros cercanos con la muerte. Para sus 28 años de edad, ya había visto casi cada rincón de la tierra. Aun así, no había momento tan maravilloso como cuando conoció a su esposa. Él se casó, consiguió un trabajo y tuvo dos niñas hermosas, y ahora viene un niño en camino. Algo que sus hijas disfrutaban mucho era la hora de las historias.

Pedro les contaba a sus niñas de manera estructurada cada una de sus aventuras. Pasaba diez minutos cada noche contándoles sobre todos los obstáculos, éxitos y momentos graciosos que había experimentado en su vida. La hora de las historias funcionaba como trueque a cambio de irse a dormir. Mientras más tiempo les tomaba alistarse para dormir, menos tiempo tendrían para las historias. Se volvió un ritual en su casa. Cenar, bañarse, preparar la ropa del siguiente día, lavarse los dientes, acostarse y, finalmente, la hora de las historias. Si su padre estaba de viaje o no podía contarles la historia alguna noche, él grababa y enviaba un pequeño mensaje para sus niñas, contándoles una historia para que se quedaran dormidas.

Hay cierto gozo cuando escuchamos la historia de nuestro Padre. Esas niñas sentían que el día no estaba completo si no habían escuchado algo de su padre. Nosotros no deberíamos ser diferentes. Dios nos ha dado Su historia a través de Su Palabra. Cada uno de nosotros tiene acceso a aprender la historia completa de la Biblia. Cuando nos tomamos el tiempo para leer la historia de Dios y de todos los que están involucrados en ella, obtenemos gozo en saber un poco más de Él. Cuando lo buscamos cada día a través de la Escritura, nuestro deseo y gozo de escuchar acerca de nuestro Padre crece más y más cada día.

Así que, toma la Biblia. Léela con gozo. No es simplemente un libro escrito hace miles de años. Contiene historias de nuestro Padre celestial que repasan todos los eventos de aquellos quienes lo han conocido y lo han hecho conocido. ¿Cómo no tener un gozo mayor al aprender más y más sobre nuestro Padre?

PADRE, ADMITO QUE NECESITO UN TIEMPO DE HISTORIAS. SÉ QUE HE PERMITIDO QUE LAS DISTRACCIONES DEL MUNDO NO ME PERMITAN APRENDER MÁS Y MÁS DE TI. PON EN MÍ UN DESEO DE APRENDER MÁS DE TI Y HAZ QUE PUEDA ESTAR MÁS CERCA A TI CADA DÍA. AMÉN.

84

Tarjetas de desafíos

**Pero tú sé sobrio en todo, soporta las aflicciones,
haz obra de evangelista, cumple tu ministerio.**

2 TIMOTEO 4:5

En el edificio de oficinas de una corporación cristiana, existen unas tarjetas de desafíos que se pasan entre los empleados. Estas tarjetas de desafíos son simples en naturaleza. Tienen tres líneas en blanco en ambos lados. Un lado es para oraciones. El otro se usa para tener conversaciones sobre el evangelio con personas perdidas o que no asisten a la iglesia. Al principio, algunos en la oficina no estaban muy seguros de participar en el desafío. Creían que era predecible. Era obvio que había personas que necesitaban oración y otras que necesitaban escuchar el evangelio. Lo que no entendían, sin embargo, era que el punto de la tarjeta iba más allá de simplemente escribir nombres de personas.

Después de algunos meses, se entregaban tarjetas nuevas y se escribían nombres nuevos o los mismos nombres, si seguían en necesidad de oración o evangelio. Aunque había algunos que seguían luchando con el concepto, se conservaba el mismo nivel de participación en cuanto a escribir nombres. Después de un tiempo, sin embargo, algo comenzó a cambiar.

Se escribieron nombres nuevos y, en lugar de repartir tarjetas nuevas cada ciertos meses, comenzaron a pedir más tarjetas. Las personas comenzaron a pedir lugares especiales para las tarjetas, para poder recoger las necesarias. Se comenzó a generar gozo a causa de las tarjetas. Finalmente, después de usar las tarjetas en el edificio por un año, un trabajador accidentalmente reconoció el propósito de las tarjetas en una charla sobre el uso de las tarjetas.

Él solo dijo: «Al principio, entendí que las tarjetas servían para añadir intencionalidad a lo que hacemos en nuestras vidas diarias, y es exactamente lo que lograron, pero supongo que no entendía la profundidad del propósito de las tarjetas». Muchos de nosotros necesitamos algo sencillo para lograr un impacto profundo y, aun así, muchas veces pasamos por alto el concepto debido a su simplicidad. Sí, escribir un nombre en una tarjeta puede darnos una idea de por qué estamos aquí, pero ver esos nombres diariamente es lo que nos trae la responsabilidad de conocer a esas personas y su necesidad de Cristo.

Por eso, acepta el desafío. Escribe tres nombres de personas que necesitan oración y tres nombres de personas que no conocen el evangelio. Ora por ellos. Conéctate con ellos y comparte con ellos. Encontrarás un gozo como ningún otro en el tiempo invertido con ellos.

SEÑOR, PERMÍTEME TOMAR EL DESAFÍO DE PENSAR INTENCIONALMENTE EN AQUELLOS QUE NECESITAN ESCUCHAR MÁS DE TI. SÉ QUE HABLAR DE TU NOMBRE ES IMPORTANTE, PERO TAMBIÉN SÉ QUE HAY GOZO EN COMPARTIRTE CON OTROS. AMÉN.

85

¿Te criaron en un establo?

**Así que, no os afanéis por el día de mañana,
porque el día de mañana traerá su afán.
Basta a cada día su propio mal.**

MATEO 6:34

Sandra y Lucio son remodeladores de casas. Comenzaron a remodelar casas semanas después de casarse y han logrado ganar bastante dinero en su corto tiempo como remodeladores. Ya tienen hasta agendado para entrar y salir de una casa en unos cuatro meses, y después compran la siguiente y se mudan a ella. Las reglas son sencillas. Mientras haya por lo menos un cuarto habitable en la casa y cañería en funcionamiento, ellos la compran, la remodelan y después la venden. Después de tres años, han logrado ganar cerca de un millón de dólares comprando, remodelando y vendiendo. Su meta al hacer esto era establecerse de tal manera que pudieran comenzar una familia con una buena base financiera. Su plan era trabajar cinco años antes de tener hijos, pero, como dicen en el mundo de la remodelación, «el plan nunca sucede de acuerdo al plan».

Estaban trabajando en la remodelación de un establo para venderlo como una casa para visitas adicional en un terreno de cultivo de doce hectáreas. Al ir terminando el proyecto, Sandra le dio la noticia a su esposo de la nueva vida que se uniría a las suyas. Lo irónico era que estaban trabajando en un proyecto con el que siempre habían querido terminar su carrera.

Supusieron que encontrarían otro para establecerse en los próximos dos años; sin embargo, parecía que el tiempo para establecerse había llegado un poco antes de lo anticipado.

Después de que Lucio colocó la última viga en su lugar, volteó a ver a su esposa, que estaba sosteniendo un enterito que decía: «Sí, fui criado en un establo». Se formaron lágrimas en sus ojos mientras abrazaba a su esposa, nervioso y emocionado por el futuro. ¿Estaban listos? ¿Habían ahorrado suficiente dinero para este momento? ¿Era este el lugar correcto? Mientras pensaba en todas estas cosas, su esposa tomó su mano y lo llevó hacia la ventana que acababa de instalar y, desde la ventana, se veía una casa de granja de tres recámaras que necesitaba ser remodelada. Él vio un columpio que colgaba de un árbol que tendría que ser reemplazado y vio los campos que no habían sido cultivados en años. Vio una oportunidad y, aunque no se había dado cuenta aún, Dios lo había colocado en el lugar correcto, en el tiempo correcto. Soltó la mano de su esposa y la abrazó diciendo: «Este será el cuarto del bebé».

Muchas veces nos preguntamos si las cosas se acomodarán en su lugar de la manera que esperamos. La realidad es que muy raramente sucede así. Nuestros tiempos no son los tiempos de Dios. Podemos poner expectativas en nuestras vidas todo lo que queramos, pero esas expectativas solo prosperarán si están dentro de los tiempos perfectos de Dios. Por algo, se le llama tiempo perfecto. Se le llama así por el gozo que se encuentra en el tiempo que está fuera de nuestro propio entendimiento.

SEÑOR, SÉ QUE HAY MOMENTOS EN LOS QUE
ESPERO QUE LA LÍNEA DEL TIEMPO DE MI VIDA
FLUYA DE LA MANERA QUE YO CREO MEJOR.
QUITA ESTA ARROGANCIA Y PERMÍTEME
ACEPTAR QUE TODO SUCEDERÁ DE LA MANERA
QUE TÚ QUIERES QUE SUCEDA. AMÉN.

86

Dibujos en la tierra

Antes que naciesen los montes y formases la tierra y el mundo, desde el siglo y hasta el siglo, tú eres Dios.

SALMOS 90:2

Hay un artista en Arizona que se ha convertido en una sensación debido a su arte en la tierra. Su lienzo es la tierra, su medio es la tierra y, mientras el sol sale y se vuelve a meter durante el día, la profundidad del dibujo cambia más y más. Los dibujos comenzaron siendo pequeños, pero, con el paso del tiempo, comenzó a usar lotes completos para hacer una amplia variedad de escenas en un dibujo. Lo que es aún más interesante es que comienza en el centro y va avanzando hacia afuera, haciendo que el dibujo no se arruine con las pisadas del artista. Con los vientos del desierto y la posibilidad extraña de lluvia, estos dibujos son inevitablemente temporales.

Esta inevitabilidad, sin embargo, no impide que el artista tome sus herramientas, trabaje en la tierra, trace un dibujo y pase a realizar su siguiente obra de arte. Muchos críticos han hecho notar que su arte no tiene mucho sentido debido a su naturaleza temporal. Después de todo, ¿por qué crear algo si sabes que desaparecerá en cuestión de horas? La respuesta del artista nos enseña sobre muchos aspectos de nuestras vidas diarias.

De acuerdo con él, nada en este mundo es permanente. ¿Eso significa que no debe celebrarse? ¿Significa que no se nos permite encontrar el gozo en las cosas temporales? ¿Por qué consideraríamos estas cosas como algo menos que un regalo? Como artista cristiano, él fue un paso más allá y dijo: «Todas las cosas de este mundo son temporales, pero el gozo que tengo en el Señor es tan eterno como Él».

Muchas cosas en este mundo no son necesariamente malas, pero, cuando queremos que lo temporal tome el rol de lo eterno, encontramos una falsa esperanza. La fe y el gozo son sentimientos reservados para lo eterno. Esto no significa que no podemos encontrar gozo en lo temporal. Así como el don de la creatividad, un artista puede encontrar gozo en el arte que él crea. Ese gozo solamente puede profundizar cuando nos damos cuenta de quién es el que nos da esos regalos especiales. Cuando entendemos que el gozo de nuestros dones realmente viene del gozo de conocer quién nos los dio, encontramos un gozo más profundo en todo lo que logramos o creamos, incluso si es solamente temporal.

SEÑOR, SÉ QUE TENGO UNA TENDENCIA A VER LO TEMPORAL COMO SI FUERA ETERNO. RECUÉRDAME CADA DÍA QUE TÚ ERES ETERNO Y QUE HAY GOZO COMO NINGÚN OTRO EN RECONOCER ESTO. AMÉN.

87

Fogata científica

**Yo conozco que todo lo puedes, y que no
hay pensamiento que se esconda de ti.**

JOB 42:2

Cada año, mientras todavía reina el clima fresco antes de que llegue el verano, una iglesia tiene una noche de campamento para todos los niños de la iglesia que pasarán a sexto grado. Antes de comenzar a ser considerados jóvenes, la encargada del ministerio de los niños planea este evento para permitir que los niños tengan una noche para ser solo eso: niños. Es una mezcla de emociones. La maestra conoce a algunos de estos niños desde que eran demasiado pequeños para caminar o hablar y ahora es la responsable de entregar a estos niños al pastor del ministerio de los jóvenes, quien en su opinión, es del estilo de «ir con la corriente». Sin embargo, ella debía confiar en que los niños serían cuidados y estarían en buenas manos.

Algo que ella decidió cambiar este año fue pedirle a su esposo, un maestro de ciencia, que le ayudara con el evento. Él normalmente daba su apoyo como chaperón, pero ella quería que estuviera más involucrado con los niños este año. Así que, para hacer la noche más misteriosa, él hizo una fogata. No la prendió de la manera tradicional frotando palos o encendiendo un fósforo. En lugar de eso, decidió tomar una ruta más científica. Decidió mezclar un par de sustancias químicas, que al mezclarse se encenderían y provocarían un pequeño fuego.

Los niños estaban asombrados. Nunca habían visto algo parecido. Uno de ellos le dijo a su amigo: «¿Cómo hizo eso?». El amigo respondió con confianza: «Fue Jesús». El esposo sonrió, pensando que técnicamente podía dejar que el niño pensara eso, pero decidió profundizar. Les explicó que la ciencia es simplemente el estudio de cómo Dios hizo lo que ha hecho. La fogata fue hecha a través del uso de sustancias químicas que se calentaron al punto de producir una flama.

Los niños estaban confundidos. «¿Entonces Dios no hizo el fuego?», preguntó uno de los niños. El esposo añadió una mezcla al fuego, que causó que la flama cambiara de color y de tamaño. Los ojos de los niños se iluminaron con los diferentes colores del fuego y, en medio de su asombro, el esposo dijo: «Dios ha permitido que el fuego exista. La ciencia simplemente descubrió una de las maneras en las que Él lo permite».

Cuando hablamos de la soberanía de Dios, podemos perdernos en el misterio de lo que significa y olvidar el gozo que viene de las cosas pequeñas en las que encontramos agradecimiento: el aire que respiramos, la lluvia que trae vida y, sí, el fuego que nos da luz y calor. Dios permite que estas cosas existan para que las comprendamos científicamente, pero su existencia depende solo de la soberanía de Dios.

SEÑOR, TENGO GOZO EN SABER QUE TÚ ESTÁS
EN CONTROL. HAY MOMENTOS EN LOS QUE
DUDO. HAY MOMENTOS EN LOS QUE OLVIDO
QUE TÚ ERES DIOS Y YO NO. RECUÉRDAME
DIARIAMENTE ESTA REALIDAD. AMÉN.

El lobo feroz

**Dios es nuestro amparo y fortaleza, nuestro
pronto auxilio en las tribulaciones.**

SALMOS 46:1

¿Has escuchado la historia de los tres cochinitos? Existen muchas variaciones de la historia, pero, sin importar cuál historia leas, siempre hay tres cochinitos y un lobo que quiere entrar. Cada vez que el lobo encuentra a uno de los tres cochinitos, demanda entrar, y el cochinito protesta y le niega la entrada. Con esta respuesta, el lobo se enfurece, respira profundo y derriba las casas de los primeros dos cochinitos con un gran soplido.

Ahora, antes de aplaudir la capacidad de los pulmones del lobo, necesitamos entender que la construcción de las primeras dos casas dejaba mucho que desear. La primera estaba hecha de paja, lo que nos hace preguntarnos a la mayoría cómo es que podía permanecer de pie, sin siquiera mencionar si podía ser derribada con soplidos. La segunda estaba hecha de palos, lo cual podría ser una buena casa, pero cualquier ráfaga puede derribar los palos sin importar cómo estén acomodados. La tercera casa, sin embargo, es el lugar de refugio. Uno de los cochinitos había dominado el arte de la albañilería y se había construido una casa de ladrillo. Los únicos soplidos que han logrado tumbar casas de ladrillo son aquellos acompañados de un huracán. Este lobo feroz no era capaz de lograr eso.

Lo creas o no, muchos niños temen cuando piensan en el lobo feroz. Algunos incluso piensan que, si salen de sus casas de ladrillo, no tendrán ninguna posibilidad en contra del lobo. Aunque no es la intención, esta historia tiene un mensaje cristiano fuerte. El mensaje general de la historia apunta a la importancia de la familia y de tener un lugar de refugio cuando vienen los problemas.

Como cristianos, sabemos que, cuando hay problemas en el horizonte, tenemos un refugio y una fortaleza a los que podemos acudir. Tenemos gozo en saber que los temores y las frustraciones del mundo no son nada comparados al refugio y la seguridad que encontramos cuando estamos ante la presencia de nuestro Padre celestial.

Cuando los soplidos y vientos del mundo intentan tumbar todo lo que conocemos y amamos, recuerda que hay un Dios que te ama y te protege. Cualquier frustración es solo temporal porque Cristo ya ha conquistado al mundo.

SEÑOR, GRACIAS POR SER MI REFUGIO CUANDO EL MUNDO SOPLA EN MI DIRECCIÓN. SÉ QUE HAY MOMENTOS EN LOS QUE TENGO MIEDO DE LOS LOBOS FEROCES EN MI VIDA, PERO RECUÉRDAME CADA DÍA EL AMOR QUE TÚ ME HAS MOSTRADO Y QUE EN TU REFUGIO YO PUEDO ENCONTRAR FORTALEZA. AMÉN.

89

Reportes de gastos

**Aunque la higuera no florezca, ni en las vides
haya frutos, aunque falte el producto del olivo, y
los labrados no den mantenimiento, y las ovejas
sean quitadas de la majada, y no haya vacas en
los corrales; con todo, yo me alegraré en Jehová,
y me gozaré en el Dios de mi salvación.**

HABACUC 3:17–18

En todo trabajo, sin importar cuánto gozo puedas encontrar, hay algo que siempre lo hace, bueno, un trabajo. Siempre hay más de un par de molestias que salpican el lugar de trabajo cada día, lo cual hace que las responsabilidades se vean más y más como cargas. Para algunos, es actualizar la hoja de cálculo una vez al mes. Para otros, es la frustración de tener cierta responsabilidad para la que los hayan propuestos como voluntarios. Para Mauricio, es la frustración de tener que completar un reporte de gastos trimestral. Él hace su mayor esfuerzo por llevar un registro de todas las compras que ha hecho durante sus viajes de trabajo, pero, de vez en cuando, encuentra un gasto que lo hace cuestionar su propósito, lo cual lo frustra aún más.

Esta, queda claro, no es una razón para abandonar un trabajo. Cualquier persona en la oficina te dirá que él ama su trabajo. Simplemente hay baches en el camino que lo frustran. Muchos de nosotros, aunque no tenemos que lidiar con reportes de gastos u hojas de cálculo, podemos decir que tenemos emociones similares en nuestras vidas diarias. Odiamos todas las pequeñas frustraciones que salen e impiden que vivamos nuestra vida exactamente como queremos vivirla. ¿Esto significa que perderemos nuestras vidas de la manera en que las conocemos? ¡Claro que no! Hay mucho gozo en nuestras vidas, lo cual hace que tengamos un deseo natural de no querer dejarlas ir. Sí, el gozo de trabajar puede venir con el costo de tener una mente, un cuerpo y un espíritu exhaustos, pero esto de ninguna manera comunica que el gozo no vale la pena por el trabajo que demanda.

¿Habrá etapas difíciles en la vida? Sí. ¿Habrá momentos en los que querrás darte por vencido? Definitivamente, pero el gozo siempre vale la pena, aunque signifique tener frustraciones. Mauricio puede odiar cada momento de ese reporte de gastos y, si esa fuera la única parte de su trabajo, nadie lo culparía por dejar esas responsabilidades. Mauricio, sin embargo, te dirá que esa no es la razón por la que hace ese trabajo. Él va al trabajo por las relaciones que ha construido, por el trabajo que ha logrado y del cual forma parte, y por el Dios a quien él ama.

Piensa en todos los «reportes de gastos» de tu vida. ¿Te has enfocado en ellos en lugar de enfocarte en el gozo que encuentras en tu trabajo diario? Aférrate al gozo de saber que estás en el lugar que estás por una razón y, aunque el camino pueda ser difícil ahora, es meramente un bache. Hay todavía mucho camino por recorrer.

SEÑOR, SÉ QUE SOY CULPABLE DE ENFOCARME EN LOS BACHES DEL CAMINO. SÉ QUE ME ENFOCO EN LAS PEQUEÑAS FRUSTRACIONES DEL MUNDO. RECUÉRDAME CADA DÍA EL GOZO QUE VIENE DE CONOCERTE Y DEL TRABAJO QUE ME HAS DADO. AMÉN.

90

La caja del anillo

Porque donde está vuestro tesoro, allí estará también vuestro corazón.

LUCAS 12:34

Algo que muchas mujeres han conocido es la importancia de la caja del anillo. Antes de siquiera ver el anillo, se sienten abrumadas por la emoción de ver a su futuro esposo arrodillarse y pedirle a la mujer que ama que pase el resto de su vida con él. La relevancia de un compromiso obviamente se centra alrededor del acto de proponer pasar tu vida con la persona que amas, pero hay algo especial sobre la caja del anillo.

Todos sabemos de lo que estoy hablando. Como la concha de una almeja, se cierra completamente, lo que hace algo difícil el tratar de abrirla. Al abrirla encontrarás dos cojines suaves pero vacíos que están presionados uno contra el otro para sostener el anillo en su lugar, al punto de que, incluso cuando la caja está al revés, el anillo no se sale. La parte de afuera de la caja, sin embargo, es lo que sobresale en nuestras mentes. La caja está completamente cubierta de terciopelo.

¿Alguna vez te has preguntado la razón de esto? ¿Por qué, de todos los materiales, se escoge el terciopelo para cubrir la caja del anillo? Bueno, el terciopelo es una tela costosa. La mayoría de las veces está hecha con algún tipo de algodón, pero las posesiones más valiosas muchas veces van en una caja cubierta de terciopelo hecho de seda, lo cual puede costar cientos de dólares por metro.

Para muchos, ver la caja solamente es casi un indicador exacto del tesoro que se encuentra dentro y, lo creas o no, el tesoro no es necesariamente el anillo. Es la promesa que representa el anillo. El anillo es una representación física de la promesa de una relación de por vida. El tesoro dentro puede ser un diamante, pero el gozo de ver el tesoro no es solo por el objeto brillante dentro de la caja; es por la promesa de un compromiso de amor que durará en los tiempos buenos y malos.

De alguna manera, muchos de nosotros somos como la caja del anillo: cargamos con nosotros la promesa eterna del amor de Dios. Cuando las personas nos ven, ¿entienden que llevamos dentro un tesoro que no se ve? ¿Se preguntan qué hay dentro que trae tanto gozo a nuestras vidas diarias o suponen que somos otra caja vacía? Nuestra relación con Cristo es un tesoro. ¿No debería nuestro exterior mostrar que hay algo precioso viviendo dentro?

SEÑOR, TÚ ERES MI TESORO. SÉ QUE HAY MOMENTOS EN LOS QUE VIVO COMO SI NO TUVIERA NADA EN MI INTERIOR, PERO SÉ QUE HAY ALGO PRECIADO VIVIENDO DENTRO DE MÍ. SÉ QUE ES EL REGALO ETERNO DE LA SALVACIÓN QUE TÚ NOS HAS DADO A TRAVÉS DEL SACRIFICIO DE TU HIJO EN LA CRUZ. RECUÉRDAME CADA DÍA ACTUAR COMO SI ESTUVIERA VIVIENDO CON ALGO PRECIADO. AMÉN.

91

«Tengo de más»

**Y de hacer bien y de la ayuda mutua no os olvidéis;
porque de tales sacrificios se agrada Dios.**

HEBREOS 13:16

En muchas escuelas, existe la implementación de un receso para comer un refrigerio entre el desayuno y el almuerzo. Solamente dura quince minutos, pero se ha vuelto cada vez más importante, de acuerdo con los psicólogos, que los niños tengan un pequeño descanso durante el día para poder enfocarse y ser más productivos el resto del día. Los estudiantes se juntan en la parte de atrás del salón para sacar el bocadillo que sus padres les han enviado en sus mochilas. Algunos padres les envían un pan, fruta, vegetales o una entrada de su restaurante favorito. Los estudiantes aman este momento, y los padres se esfuerzan para que sus hijos tengan un refrigerio durante este descanso en el día. Sin embargo, siempre hay por lo menos un niño que no se mueve de su escritorio durante este receso para ir por el bocado que se le ha enviado.

Normalmente usan este tiempo para ir al baño, tomar agua o caminar un poco por los pasillos. Un estudiante en particular ha demostrado este comportamiento al punto de casi desarrollar un patrón. Tan pronto como la maestra anuncia que ha comenzado el receso para el refrigerio, él pide permiso para ir al baño y comprar un bocado en la máquina expendedora de refrigerios. Ya que es un buen estudiante, la maestra siempre respetó su petición de salir del salón y volver para el receso del refrigerio. El niño, sin embargo, nunca volvía con un refrigerio.

Siempre decía que se lo había comido en el camino al salón, pero si viéramos las cámaras nos daríamos cuenta de que lo que el niño hacía era ir al baño, tomar un poco de agua y quedarse afuera del salón sentado por unos minutos antes de abrir la puerta. El pobre niño nunca comía un refrigerio.

Así que la maestra, en su bondad, comenzó a empacar algunas zanahorias extra para el tiempo de refrigerio. Ella comía unas pocas, y cuando el niño volvía, ella se le acercaba y le decía: «Tengo de más...». El niño actuaba por un momento como si no las necesitara, pero siempre las aceptaba. Luego, después de meses, él se le acercaba a ella con un par de rebanadas de manzana y le decía: «Tengo de más...».

Muchos de nosotros olvidamos cuán grande puede ser el impacto que puede tener un pequeño detalle de generosidad. La generosidad es una actividad interesante. Por una parte, demuestra amor al darle algo a alguien más. Por otro lado, trae gozo a ambas partes cuando ellos saben cuánto cariño se ha demostrado en amar a alguien. La generosidad no necesita ser un gran gesto. Algunas veces, el gozo más grande se encuentra en dar solo un poco más.

PADRE, TÚ ME HAS DADO TANTO. RECUÉRDAME
DEMOSTRAR GENEROSIDAD CADA DÍA CON
LAS COSAS QUE TÚ ME HAS DADO. PON
PERSONAS EN MI VIDA QUE NECESITEN MI
GENEROSIDAD Y RECUÉRDAME VIVIR UNA VIDA
DE DAR UN POCO MÁS CADA DÍA. AMÉN.

92

Volver a arrendar

**Cuando viene la soberbia, viene también la
deshonra; mas con los humildes está la sabiduría.**

PROVERBIOS 11:2

No hay sentimiento más duro que tener que vender una casa y volver
al mundo del arrendamiento, y aun así escuchamos cada vez más
sobre individuos que arrendan departamentos para poder ahorrar un poco
de dinero, cancelar deudas o tomarse un tiempo para construir una casa a
su gusto. Para algunos, es una decisión opcional. Para otros, no hay opción.
Cualquiera que sea el caso, hay dos cosas que florecen de este tipo de
decisiones: confianza y humildad.

Muchas parejas jóvenes se ajustan para asegurarse de cubrir sus necesidades en el futuro. Ellos no quieren vivir con deudas. Por más que odien
admitirlo, pagar las deudas a veces significa mudarse con los padres, arrendar
un sótano o mudarse a un departamento. De cualquier forma, siempre es una
decisión difícil de tomar.

Esta realidad nos da una perspectiva mayor de nuestras vidas diarias. Por
mucho que odiemos admitirlo, hay algo desalentador en dar un paso hacia
atrás. Para ser honestos, odiamos esa idea. Cuando damos un paso hacia
atrás, sentimos que hemos cometido un error o que hemos tomado una

decisión que se ha convertido en un fracaso. Nunca es fácil tomarse ese tipo de decisión. Nunca es fácil admitir cuando necesitamos reorganizarnos.

Sin embargo, la realidad es que puede haber mucho gozo en tomarse un momento para volver y dar mejores pasos. Puede ser difícil volver. Piensa en cuánto trabajo hiciste para llegar a donde estás, pero esta no es una actitud humilde. Cuando pensamos en todo el trabajo que hemos logrado para llegar a donde estamos, cuando tenemos esta forma de pensar, podemos caer presos de nuestro propio orgullo. Podemos ver al pasado y perder nuestro agradecimiento por haber dado los pasos que nos llevaron a nuestra posición actual.

La realidad es que la vida tendrá altos y bajos. Si nos asentamos en un lugar que es inestable, inevitablemente caeremos. Esta es una de las muchas razones por las que enfatizamos la idea de que nunca hay una caída como la que viene de tener un espíritu orgulloso. Ten gozo en la humildad. Puede ser que no sea divertido dar un paso hacia atrás. Puedes sentir que dar un paso hacia atrás sea la decisión incorrecta, pero algunas veces eso es lo que se necesita para reiniciar, antes de poder avanzar hacia adelante en el camino correcto. No hay nada de malo en eso. De hecho, dar un paso en humildad es uno que siempre termina en gozo.

SEÑOR, SÉ QUE NO QUIERO DAR PASOS QUE PAREZCAN INCORRECTOS. LA HUMILDAD NO ES UNA ELECCIÓN FÁCIL. RECUÉRDAME QUE EL GOZO ESTÁ DEL OTRO LADO DE UN GOZO QUE NACE EN LA HUMILDAD. PERMÍTEME DESCUBRIR EL GOZO EN HACER LO QUE ES CORRECTO INCLUSO CUANDO SE SIENTA COMO UN INCONVENIENTE.

93

Tiempo de preparación

**El caballo se alista para el día de la batalla;
mas Jehová es el que da la victoria.**

PROVERBIOS 21:31

Pregúntale a cualquier introvertido y te dirá que detesta la idea de prepararse para una reunión, especialmente si es una en la que él va a exponer. Su corazón late un poco más rápido. Sus manos tiemblan con nerviosismo y no sabrá cómo sentirse cuando todo termine. Típicamente pasará un tiempo a solas para retomar fuerzas debido al agotamiento mental de tener que hablar sobre información de negocios con un grupo de personas. Para poder vencer esta angustia mental, muchos introvertidos se preparan por horas y horas al punto de predecir qué tipo de preguntas les harán durante la presentación. Debido a esta preparación, muchos suponen lo peor si no han tenido suficiente tiempo para prepararse para ciertas presentaciones.

Aunque es difícil admitirlo, todos tenemos algo de introvertidos en nuestra manera de ser. Todos tenemos algo que nos pone nerviosos al punto de sentir la necesidad de prepararnos para esa realidad. Esta preparación es algo útil, pero muy seguido este enfoque se puede convertir en idolatría. Piensa en ello por un momento. El punto no es si eres introvertido o no. Todos conocemos a alguien que se enfoca tanto en su preparación que, cuando sienten que no se han preparado tanto como quisieran, suponen automáticamente que fracasarán. Esta emoción no viene de una falta de preparación. Viene de una actitud de preocupación, una emoción donde el gozo no tiene la oportunidad de florecer y crecer.

No me malinterpretes. La preparación es algo bueno. Es algo cuyo valor los más sabios sabremos reconocer, pero poner tal enfoque en la preparación siempre generará preocupación. Cuando nuestro enfoque está solamente en el plan y no en lo que somos llamados a hacer, el momento en el que el plan falla, creemos que el cielo se está cayendo y que el mundo se acabó.

La preparación es clave para todo lo que nos importa. Prepararse para algo es mostrar cuánto te importa eso, pero debes saber que siempre habrá algo que sale mal. Habrá situaciones en que algo no sale de acuerdo al plan. Siempre ocurrirá algo que no estaba preparado, y eso está bien. Reconoce que has hecho tu mayor esfuerzo. Has hecho un plan y te has adherido a él. Si algo sale mal, escoge el gozo en lugar de la ansiedad.

SEÑOR, ADMITO QUE HAY MOMENTOS EN LOS QUE ME HE ENFOCADO TANTO EN HACER LAS COSAS BIEN QUE HE OLVIDADO LO IMPORTANTE DE RELAJARME CUANDO ALGO NO SALE DE ACUERDO AL PLAN. RECUÉRDAME CADA DÍA QUE NO TENGO QUE SER PERFECTA Y, QUE CUANDO ALGO SALGA MAL, TODO SUCEDERÁ DE LA FORMA QUE DEBE SUCEDER. AMÉN.

94

Ten un poco de fe

**Porque yo sé los pensamientos que tengo acerca
de vosotros, dice Jehová, pensamientos de paz,
y no de mal, para daros el fin que esperáis.**

JEREMÍAS 29:11

Ramiro es alguien que solamente toma una decisión si conoce todos los resultados posibles. No le gusta saltar antes de ver. Esto no quiere decir que no tenga una pisca de impulsividad. Cuando algo le interesa, actúa rápido; pero, antes de hacer algo, él planea, investiga, les pregunta a amigos si han hecho la actividad en la que está interesado y después, finalmente, da los pasos en dirección a su aventura planeada.

Si hay algo que Ramiro odia, sin embargo, es la idea de dejarse llevar. No es del tipo que se sube al carro y dice: «Vamos a cualquier lugar». Esa es una idea que él, a decir verdad, odia. Tanto es así que las personas saben que no deben invitarlo a menos de que haya un plan. Esta parece una vida bastante desagradable, ¿no lo crees?

Si somos verdaderamente sinceros con nosotros mismos, muchos tenemos algo de este tipo de comportamiento. Queremos saber qué sucederá después. Queremos poder tener algo de entendimiento en medio del caos. El problema es que algunas veces hay propósito en el caos. Tal vez debemos aprender o notar algo en los momentos impredecibles de la vida. La realidad es que puede haber algo de gozo escondido en los momentos que están fuera de tu entendimiento.

Cuando hablamos de dejarse llevar, no estamos hablando de vivir una vida desenfrenada. Estamos hablando de confiar. Solo porque no puedas ver dónde termina un camino, eso no significa que no debas estar en el camino. Solo porque no conozcas el siguiente paso, eso no significa que no debas participar en lo que sucede a tu alrededor. Confía en Dios. Sabe que Él está en control y, por favor, ten un poco de fe.

PADRE CELESTIAL, SÉ QUE HAGO MI MAYOR ESFUERZO PARA CONOCER CADA PARTE DEL CAMINO EN MUCHAS COSAS. RECUÉRDAME TENER FE EN LOS MOMENTOS CUANDO NO PUEDO VER LO QUE VIENE. PERMÍTEME ARRIESGARME Y APROVECHAR OPORTUNIDADES, Y PODER CONFIAR QUE EL CAMINO AL QUE ME HAS LLAMADO TERMINARÁ EN GOZO. AMÉN.

95

El libro para colorear

**Pues aun vuestros cabellos están todos
contados. Así que, no temáis; más valéis
vosotros que muchos pajarillos.**

MATEO 10:30-31

La pequeña Keren ama un buen libro para colorear. Mientras más complicado sea el dibujo, más disfruta llenar los espacios con color. Les gustan las escenas fantásticas llenas de castillos, guerreros y creaturas místicas, pero también demuestra mucho gozo al colorear una página que representa la jungla del Amazonas. Hay algo en los dibujos que pareciera que solamente son la mitad de hermosos de lo que podrían ser, lo que hace que Keren se emocione por la posibilidad de hacerlos sobresalir con color.

Incluso cuando encuentra una página que puede colorearse con solo uno o dos colores, como un árbol, ella se toma el tiempo de colorear cada hoja en un tono diferente de verde para que el color resalte de tal forma que parece que sus crayones evolucionaran de ser para niños a ser para obras de arte. De hecho, ella dice que disfruta colorear ese tipo de dibujos aún más. Según ella, hay algo especial sobre colorear hojas. Desde la distancia, si solo observas un árbol y piensas de qué color son las hojas, obviamente dirías que son verdes, pero, si pones atención, notarás que hay variación entre las hojas. Dicho de una manera sencilla, incluso cuando dos cosas en este mundo parecen idénticas, hay algo en ellas que las hace diferentes.

¡Qué concepto tan gozoso! Muchos de nosotros luchamos con la idea de que no tenemos nada de especial. Que no hay nada que nos diferencie del resto del mundo. Esta idea no puede estar más lejos de la verdad. Incluso los gemelos idénticos pueden notar sus diferencias. ¿Por qué no seríamos diferentes nosotros? La realidad es que Dios nos hizo únicos a cada uno de nosotros. No hay nadie en el planeta que sea exactamente igual a nosotros. Podemos llenarnos de gozo en eso. Aun en los días cuando sentimos que no tenemos nada único, podemos saber que de los miles de millones de personas que han existido, Dios nunca hizo a alguien exactamente como tú.

SEÑOR, ADMITO QUE HAY DÍAS EN LOS QUE SIENTO QUE NO TENGO NADA DE ESPECIAL. SÉ QUE ALGUNAS VECES ME SIENTO COMO UNA HOJA MÁS EN EL ÁRBOL. RECUÉRDAME CADA DÍA QUE TÚ ME HAS HECHO DE MANERA ÚNICA, CON UN AMOR ÚNICO. AMÉN.

96

Risas

**En la casa de mi Padre muchas moradas hay; si
así no fuera, yo os lo hubiera dicho; voy, pues, a
preparar lugar para vosotros. Y si me fuere y os
preparare lugar, vendré otra vez, y os tomaré a mí
mismo, para que donde yo estoy, vosotros también
estéis. Y sabéis a dónde voy, y sabéis el camino.**

JUAN 14:2-4

Reírse nunca se ha visto como algo malo. Lo que sí se ve mal es una
risa fuera de lugar. Todos sabemos de lo que estoy hablando. Todos
disfrutamos de las risas, pero hay momentos inoportunos para ellas. La
mayoría de nosotros podrá recordar alguna ocasión en la que se nos señaló
por reírnos durante un sermón o en la que nos regañaron por reírnos en una
boda, pero no hay furia que se compare con el enojo que recibe alguien que
se ríe durante un funeral.

Para una familia, sin embargo, esto sucedió durante el funeral de su
padre. No quiero decir que ellos no estuvieran de luto. Los hermanos ya
habían perdido a su madre y ahora habían perdido a su padre. Esta debería ser
una ocasión sombría para ellos y, sinceramente, así comenzó. Los amigos de
la familia y parientes ofrecieron sus condolencias y abrazos cálidos. Había una
presentación de fotografías de su padre que se reproducía constantemente.
Podían ver fotos del padre en su trabajo, con su traje y su sonrisa característica.

Podían verlo en la iglesia, sirviendo como anciano. Los hermanos incluso vieron algunas fotografías de ellos con su padre.

Una fotografía, sin embargo, les llamó la atención. Era una en la que todos ellos salían sonriendo, excepto su frustrado padre. La fotografía había sido tomada momentos antes de que castigaran a los niños por una travesura. Los que conocían a los hermanos sabían lo que sucedería. El menor sonrió y miró al mayor, mientras la hija del medio hacía su mayor esfuerzo por no reírse; pero, por más que se esforzó en reprimir la risa, no pudo lograrlo y se rio sin control hasta contagiar al resto de los presentes.

Después del funeral, el pastor les preguntó por qué se habían reído. La hermana del medio dio una respuesta que muchos de nosotros olvidamos en los funerales. Ella dijo: «Papá está en el paraíso y, aunque lo extraño mucho, sé que está con el Padre. Habiendo dicho esto, reírnos por una fotografía que trajo recuerdos graciosos parece una mejor opción que llorar por algo que en realidad debería ser celebrado».

SEÑOR, SÉ QUE HAY MOMENTOS EN LOS QUE POR
INSTINTO ESCOJO LA DESESPERANZA, CUANDO
EN REALIDAD DEBERÍA ESCOGER EL GOZO.
RECUÉRDAME QUE EL GOZO ES UNA ELECCIÓN Y QUE
PERMANECER EN EL DOLOR ES ALGO QUE ME IMPIDE
CONOCER UN GOZO MÁS PROFUNDO EN TI. AMÉN.

97

Una influencia gozosa

Y respondió Dios a Moisés: YO SOY EL QUE SOY. Y dijo: Así dirás a los hijos de Israel: YO SOY me envió a vosotros.

ÉXODO 3:14

Hay una nueva profesión que ha comenzado en medio de la era de las redes sociales. Hoy en día, no escuchamos tanto sobre aspiraciones a la fama por medio de la actuación, el canto o un deporte profesional. Las personas están evolucionando respecto de su concepto de la fama. Se están alejando de la idea de estar frente a una cámara de $20 000 dólares y, en lugar de eso, se están dando cuenta de que pueden lograr la misma fama con la cámara que viene en su teléfono celular. La aspiración a ser *influencers* en las redes sociales es algo que ha crecido al punto de que hay personas que están dejando los lugares que fomentan la fama al darse cuenta de que cualquier lugar puede ser ese lugar, según el nivel de iluminación al que el *influencer* tenga acceso.

Estos individuos pasan horas y horas creando el video perfecto lo suficientemente corto como para mantener la atención del espectador, pero con el contenido necesario para convencerlo de querer ver más videos. Entre suscribirse, seguir cuentas y dar clics en «Me gusta», hay una cantidad casi infinita de contenido que nos bombardea cada día con la esperanza de que nos influencie a volver por más.

Todo el gozo obtenido por medio de este contenido, sin embargo, es superficial a largo plazo. Claro, podemos reírnos un rato al ver el contenido, pero con el paso del tiempo nuestros ojos se cansan y terminamos teniendo una actitud de rechazo hacia los demás videos.

Algo que nunca ha generado este tipo de actitud es leer la Escritura. Cuando dejamos de lado la actitud de leerla como otro libro más y nos damos cuenta de que es la Palabra de Dios, podemos movernos a un nivel de apreciación por el hecho de que se trata del mensaje duradero de Dios, el cual ha sobrevivido a hombres, ciudades y civilizaciones enteras. ¿Cómo no responder con gozo a la idea de leer una carta del Creador del universo? Tenemos acceso a la historia de nuestra gente, a la poesía que describe el amor de Dios y a las parábolas enseñadas por Su Hijo, lecciones que se aplican hasta el día de hoy. Llénate de gozo en saber que, aun cuando vivimos en un mundo de *influencers* que luchan por nuestra atención, adoramos a un Dios que, en lugar de influenciar a través de Sus acciones, ha escogido dejarnos un libro con un mensaje. Ese mensaje es sencillo pero poderoso. Dios simplemente nos dice: «Yo soy».

QUERIDO SEÑOR, SÉ QUE HAY TANTAS PERSONAS QUE LUCHAN POR MI ATENCIÓN. ADMITO QUE ELLOS NO SIEMPRE TIENEN QUE LUCHAR MUCHO. SEÑOR, RECUÉRDAME CADA DÍA QUIÉN ERES TÚ. A TRAVÉS DE TU PALABRA, PERMÍTEME ENCONTRAR CONSTANTEMENTE EL GOZO EN EL HECHO DE QUE TÚ ERES DIOS. AMÉN.

98

Haz una lista

**Y el mundo pasa, y sus deseos; pero el que hace
la voluntad de Dios permanece para siempre.**

1 JUAN 2:17

Cuando Jacob se casó con su esposa, aprendió muy rápidamente lo que significa la frase antigua: «Te casas con la familia». Esto no es algo necesariamente malo. Él amaba a sus suegros más que la mayoría de las personas, pero, aun así, siempre es algo irritante añadir más días festivos a los que ya celebras con tu familia. Dos comidas navideñas se volvieron cuatro, lo cual era maravilloso porque había regalos en cada reunión. El 4 de julio ahora se alternaba entre familias, lo cual le agradaba porque tendrían un cambio de escenario para los fuegos artificiales y el almuerzo de Acción de Gracias terminaba a las dos de la tarde, lo cual le daba el tiempo suficiente para manejar dos horas y llegar a tiempo para la cena de Acción de Gracias. Jacob intenta disfrutar ese día, pero su esposa le recuerda que es aceptable no comer ambas veces.

Con la adición de estos festejos, Jacob también tiene la oportunidad de crecer en sabiduría al conversar con los otros hombres de su nueva familia. Uno de ellos es el tío de su esposa. El hombre ha tenido mucho éxito a lo largo de los años. Creció en un pueblo pequeño, se mudó a una ciudad grande y fue subiendo de puesto en una empresa que apoya a otras empresas en el país. Está a dos puestos de liderar la corporación, debido a su éxito. Jacob se ha obsesionado con su tío político y quiere seguir sus pasos. Al preguntarle sobre secretos de cómo manejar el dinero y sacar el mejor provecho, Jacob ha conversado con ese hombre de manera directa con mucha frecuencia. Finalmente, después de un par de años de conocer al hombre, le preguntó: «¿Cómo lo hiciste?».

El tío sonrió y le dio un consejo. Le dijo que hiciera una lista, la llenara con las cosas que quiere de esta vida y se la diera a él más tarde. Jacob se disculpó por 30 minutos y volvió con la lista, llena del material más extravagante que pudo imaginar. El tío estaba sentado junto a una fogata solo, observando las flamas y sintiendo cómo el calor arrebataba el frío del otoño. Jacob se sentó junto a él y le enseñó la lista, y, antes de que pudiera explicar por qué ciertas cosas estaban en la lista, el tío la observó y la lanzó al fuego.

Lleno de frustración, Jacob le preguntó por qué la había lanzado al fuego. El tío dijo: «Solamente busqué el nombre de Dios en la lista. A menos de que estuviera escrito tener una relación con Dios, no importa si tardaste 30 días escribiéndola. Nunca encontrarás gozo a menos de que Dios esté primero en la lista».

Muchos olvidan el nivel de gozo que viene de vivir en una relación con Cristo. Suponemos que un carro nuevo o una casa grande nos darán gozo. En lugar de buscar el gozo en la siguiente novedad, vuélvete a Dios y descubre un gozo eterno.

SEÑOR, SÉ QUE HAY MOMENTOS EN LOS QUE ME HE ENFOCADO EN LAS COSAS INCORRECTAS PARA LLENAR MI NECESIDAD DE GOZO. QUIERO TODAS LAS COSAS LINDAS. QUIERO TENER EL CARRO NUEVO Y LA CASA GRANDE, Y, SI BIEN ESTAS NO SON COSAS MALAS, RECUÉRDAME CADA DÍA QUE TÚ ERES EL QUE TRAE EL GOZO VERDADERO EN ESTA VIDA. AMÉN.

99

El grupo «D»

**Y perseveraban en la doctrina de los
apóstoles, en la comunión unos con otros, en
el partimiento del pan y en las oraciones.**

HECHOS 2:42

Las iglesias han cambiado de la adoración corporativa masiva a tener sesiones más pequeñas e íntimas con un grupo pequeño de personas. Esto no significa que las iglesias se estén encogiendo o que estén cerrando sus puertas. Simplemente están cambiando para traer a las personas más cerca de Dios en contextos más pequeños. La adoración corporativa masiva sigue sucediendo, pero las iglesias ahora animan a las personas a encontrar un grupo de creyentes para crecer en su entendimiento de la Biblia. Algunos les llaman grupos de comunión, estudios especializados, grupos de vida o incluso iglesias pequeñas.

Unas cuantas iglesias, sin embargo, están creciendo aún más en esta idea del estudio bíblico íntimo. La mayoría de las veces un grupo pequeño en una iglesia consiste en 10 a 15 miembros que leen la Biblia o la estudian y comentan lo que han leído. Este tipo de grupos es de los que están al tanto los asistentes más frecuentes. Algunas iglesias han elegido continuar con grupos «D», o grupos de discipulado.

Mientras que la mayoría de los grupos de comunión pueden llevar un estudio para conversar sobre la aplicación del estudio a sus vidas, un grupo de discipulado observa la Escritura detenida y profundamente para poder entenderla mejor. Un grupo, por ejemplo, estudió el libro de Santiago en su grupo de discipulado. Se juntaban tres hombres cada sábado por la mañana antes de que comenzara el día y dedicaban tiempo para memorizar un poco del libro de Santiago y discutían las implicaciones teológicas del libro, un versículo a la vez. ¿Cuál fue el resultado? Bueno, de este grupo, los hombres se memorizaron el primer capítulo entero y comentaron el libro entero por algunos meses. Después de completar su discusión de Santiago, tomaron una decisión difícil pero necesaria. Se separaron para formar sus propios grupos y estudiar una sección nueva de la Biblia con personas nuevas.

Ahí es donde encontramos el verdadero método del discipulado. Muchos cristianos creen que, si recitan una oración a través del acto de la conversión, eso es más que suficiente. Esa es una gota muy pequeña en una cubeta muy grande. Somos llamados a profundizar más allá de la conversión. La conversión sin discipulado es como aventarle las llaves de un carro nuevo a un niño de cinco años y decirle: «¡Buena suerte!». Y, aun así, muchos cristianos se han alejado de esa situación pensado: «Hice un buen trabajo».

El verdadero gozo de conocer a Jesús viene del estudio intenso de la Biblia con otros creyentes. Aceptar a Cristo como nuestro Salvador es como quitarle el polvo de encima a un cofre del tesoro y descubrir la tapa del cofre. El verdadero gozo de conocer a nuestro Salvador viene del proceso intenso de desenterrar el tesoro, y eso se logra a través del discipulado.

SEÑOR, YO SÉ QUE ENVIASTE A TU HIJO A MORIR EN UNA CRUZ POR MÍ. PERMÍTEME PODER CONOCERTE MÁS CADA DÍA A TRAVÉS DE LA LECTURA Y EL ESTUDIO DE TU PALABRA. PON A PERSONAS EN MI VIDA QUE ME DISCIPULEN Y PERMITE QUE PUEDA PROFUNDIZAR EN TU PALABRA, LA CUAL TIENE EL MENSAJE SUPREMO DE AMOR Y GOZO. AMÉN.

El último

**Pero muchos primeros serán postreros,
y postreros, primeros.**

MATEO 19:30

Muy frecuentemente, decir que algo es lo «último» no suele ser una experiencia agradable. Para aquellos de nosotros que somos algo competitivos, ser el último es, bueno, lo que menos queremos. No queremos que nos escojan al final o ser los últimos en la fila. En lugar de eso, queremos saber cómo ser los primeros. Queremos ser los primeros en descubrir algo, ya sea a través de nuestro conocimiento o nuestra propiedad. Ser el último en lo que sea es una idea en la que muchos de nosotros ni siquiera queremos pensar, pero ¿qué pasa si escogemos ser los últimos?

Ser el último es algo que ninguno de nosotros disfruta, pero escoger ser el último puede tener una connotación diferente. Obviamente, si lo vemos a una menor escala, sabemos de lo que estoy hablando. Sabemos lo que significa abrirles la puerta a otros, dejar que alguien pase antes que nosotros en la fila o incluso dejar ir algo que sabemos que alguien más necesita, pero ¿qué pasaría si fuéramos un paso más allá? ¿Qué pasaría si lucháramos por ser los últimos?

Sé que esto podría sonar ridículo, pero ¿qué pasaría si abrimos una puerta por la que no queremos entrar solamente para que otras personas pasen? Solo estamos ahí para abrir la puerta. ¿Qué pasaría si buscamos cosas que otras personas necesitan solo para dejarlas ir en lugar de quedárnoslas nosotros? ¿Qué pasaría si la fila en la que estamos parados no para de crecer porque constantemente dejamos que otras personas se formen adelante de nosotros? Seguramente este comportamiento parecería algo lunático y, aun así, si usas tu imaginación, ¿puedes ver a las demás personas enojadas?

¿Puedes imaginar a las personas que dejan pasar a otros adelante de ellos con una actitud de enojo? Sin importar qué tanto te esfuerces, parece más loco imaginar a alguien que demuestra una bondad sacrificial con algo más que gozo en su rostro. Cuando somos forzados a ser los últimos, esto se vuelve una inconveniencia, pero, cuando escogemos ser los últimos, obtenemos un gozo inexplicable.

Por mucho que queramos que este libro devocional te haga sentir gozo, lo que más queremos es recordarte que el gozo verdadero viene de vivir una vida dedicada a amar a Cristo y servir a otros, mostrando la profundidad de Su amor por cada uno de nosotros. Cuando tengas la oportunidad de permitir que otros pasen antes que tú, tómala. Es una probadita de gozo, pero, cuando la oportunidad de ponerte a ti mismo al último se presente, no la ignores porque, aunque pueda ser inconveniente, la amabilidad, así como el gozo, se contagia.

SEÑOR, SÉ QUE ESTE MUNDO TIENE MUCHA NECESIDAD DE AMABILIDAD VERDADERA. PERMÍTEME PODER SERVIR A OTROS A MI ALREDEDOR SIN TENER UN DESEO DE OBTENER ALGO A CAMBIO. RECUÉRDAME QUE TÚ ME HAS DADO UN REGALO QUE NUNCA PODRÍA SER PAGADO Y QUE EL PRECIO QUE PAGASTE FUE TAN ALTO QUE NO ESPERARÍAMOS QUE ALGUIEN LO PAGARA. AMÉN.